Elf spitze Federn
Eine Auswahl von Texten
der Autorengruppe Kelkheim

Cover und Seitenlayout:
Christina Eretier
www.eretier.de

Edition Pauer
Kelkheim 2017

Autorengruppe Kelkheim

Elf spitze Federn

Renate Domes
Hanna Dunkel
Volker Erdelen
Uta Franck
Petra Lueken
Erika Lützner-Lay
Monika Mantz
Sabine Muchow
Paul Pfeffer
Karin Walther-Weckmann
Wolfgang Zimmermann

Edition Pauer

Kelkheim 2017

Über dieses Buch

Jeden Dienstag geschieht Seltsames am Kulturbahnhof in Kelkheim Münster. Kurz vor zwanzig Uhr kommen aus verschiedenen Richtungen Frauen und Männer heran. Sie streben wie von Magneten angezogen hinein in das Gebäude. Man sieht sie in den ersten Stock hinaufgehen, geradeaus in den Raum, der zu beiden Seiten Fenster hat. Es wird Licht gemacht, aber nur eine Reihe der Lampen leuchtet. Sie wollen es wohl nicht zu hell haben. Kurz nach acht kommen immer die Letzten, zwei Männer, einer mit Hut, der andere mit Bart und Baskenmütze.

Was wie das Treffen zu einer Verschwörung aussieht, ist in Wahrheit die allwöchentliche Zusammenkunft der Kelkheimer Autorengruppe, deren Gründung sich in diesem Jahr zum achtundzwanzigsten Mal jährt. Angefangen hat alles mit einem Volkshochschulkurs von Uta Franck über Kreatives Schreiben. Nach einigen Jahren wurde dann aus dem Kurs ein regelmäßiges Treffen von Kursteilnehmern und neu Hinzugekommenen unter dem Dach der Kulturgemeinde. Inzwischen sind es Renate Domes, Hanna Dunkel, Volker Erdelen, Uta Franck, Erika Lützner-Lay, Petra Lueken, Monika Mantz, Paul Pfeffer, Sabine Muchow, Karin Walther-Weckmann und Wolfgang Zimmermann, die den harten Kern bilden. Von Anfang an sind nur noch Renate Domes und Uta Franck dabei. Zwei langjährige Mitglieder sind verstorben, Siegfried Prillwitz und Werner Weiß. Leiterin und Mutter des Ganzen ist immer noch Uta Franck, aber ihre Rolle hat sich verändert. Die Interaktion in der Gruppe war und ist so lebhaft und vielfältig, dass sie sich immer mehr zurücknehmen konnte.

Die Kelkheimer Autorengruppe gehört zu den Schreibgruppen, die bei ihren Treffen wirklich schreiben. Einer der Teilnehmer bringt eine Schreibanregung mit, und dann herrschen zwei Stunden lang Ruhe und Konzentration. Man hört nur noch das Kratzen von Kulis oder Bleistiften auf dem Papier oder das leise Klappern von Notebook-Tastaturen. Danach werden die Ergebnisse vorgelesen und kurz besprochen. Die allgemeine Erfahrung ist, dass an diesen Abenden Texte entstehen, von denen der Schreibende niemals angenommen hat, dass sie in ihm stecken.

Es gibt aber auch Lektorierungsabende, bei denen fertige und halbfertige Texte in die Mangel genommen werden. Alle beteiligen sich am Prozess des Besprechens. Manchmal heben sich Argument und Gegenargument sogar auf, manchmal verstärken sie sich. Der Schreiber muss selbst entscheiden, welche Bemerkung die richtige ist. Kritik anzunehmen ist schwierig. Blindes Lob ist falsch, ebenso falsch aber ist es, jedes tadelnde Wort blind zu akzeptieren. Andererseits hat jeder, der schreibt, ein großes Bedürfnis nach Feedback. Seinen Freunden und Bekannten kann man nicht ununterbrochen eigene Geschichten und Gedichte vorlesen, denen wird das schnell lästig. Aber in einer Autorengruppe, in der alle dasselbe Bedürfnis haben, ist das Zuhören und Vorlesen im Gleichgewicht. Da jeder einmal in die eine und die andere Rolle schlüpft, fühlt sich keiner benachteiligt. Wenn ein Text von der Gruppe lektoriert wird, ist er hinterher garantiert ein gutes Stück besser geworden. Die sprachliche und literarische Kompetenz von neun Personen geht in die Kritik ein.

Kaum ein Schreibabend geht zu Ende, ohne dass man sich bei „Da Antonio“ zu einem Absacker zusammensetzt. Dann wird kaum noch über Literatur gesprochen, sondern über Gott und die Welt. Der intensive Austausch führt dazu, dass in der Gruppe Freundschaften entstehen. Man schätzt sich, und das hat wiederum Einfluss auf das Schreiben und die gute Atmosphäre in der Gruppe.

Inhalt

Petra Lueken

geboren 1943, lebt in Schwalbach,
Lehrerin, Schulleiterin, Ethnologin.

Dokumentarfilm „Bogolan – Stoffgeschichten aus Segou“ (Mali)
Ausstellung „Ist das vielleicht das Paradies?“
(Interviews und Fotos zum Thema Heimat und Fremde)
Interviewprojekt „Therese Schmitz erzählt – Das war halt so. Kriegsjahre und Nachkriegszeit in Kronenburg/ Eifel“.
„Durch Shikis Garten – Haiku einer Japan-Reise“
„Schwarze Worte schreiben – Gedichte 1999 – 2013“

Ich schreibe,
um meine Gedanken zu klären,
meine Erfahrungen zu verarbeiten,
meine Eindrücke zu verdichten.
Ich genieße die Vielfalt der Sprache
und den spielerischen Umgang mit ihr.

Ankunft

„Poor thing“, sagte die amerikanische Freundin
zum Baum in Porto Alegre,
der gleichzeitig Blüten
und Äpfel trug.
Und ich
nickte
in dem Land, wo
der Himmel plötzlich verglüht
und der Mond
aus silberner Schale
Sternenstaub streut.

April-Wetter

Die Tulpen
schließen und öffnen
die Seidenblüten.
Mein Herz springt
stabhoch ins Weite,
fliegt nach Surinam,
wo
scharlachfarbene Ibisse
Partner brüten.

Basel im November

Tinguély
klingelt der Name.
In den Sälen für Niki und Jean
klappert es, rasselt und schnarrt.
Füchse zanken,
das Herzchen bibbert, wenn
der Vorhang zur Seite gleitet.

Über dem Fluss ein Drahtseil
zieht das Fährboot sachte
von Ufer zu Ufer,
darüber die Loreley
kämmt sich auf Knopfdruck,
während unten
die Schwester im Badkleid
über die Kiesel schreitet,
mit schnellen Strudeln
rheinabwärts entschwindet.

Champagne

Sanfte kalkige Erde,
geringe Hänge
vielfarbiges Weiß.
Schattenmuster
samtig mild,
Rebfelder, Äcker:
zaubrische Flicken.

Auf den Weiden das Vieh
milchweiß.
Fränkischer Herbst

Vom Wehrgang blicke ich
ins Paradeis, die Schießscharte
rahmt reife Pflaumen, Wespen
wimmeln im Birnenfleisch.
Ein Rasenmäher springt an.
Mittagsschläfrig die rotäugigen Tauben
stützen die Flügel
aufs abschüssige Ziegeldach.
In der Freudengasse fremde Laute:
tschüss und der Wagenschlag.
In der Judengasse glänzt schwarz
der Holunder, die Trittmulde
spiegelt am Galgentor.

Freigepäck

Alptraum packen,
den Schlüssel verlieren,
die Zahl vergessen,
den Koffer aufgeben,
den Koffer aufgeben.
Reisen
mit leichtem Gepäck.

Heimat

Nachkriegszeit.
Wegmachen!
Heimlich über die Grenze:
Berlin Hamburg Frankfurt
Die Vierjährige: Mutti: Reisen ist schön!

Herbst in Vals

Ziegen fressen
die letzten Geranien.
Auf allen Wegen
Geschosse
auch am Bunkereingang
ein Reisigbesen.
Den schwarzen Geruch der Wiese
decken Windelschleier.
Schnee stürzt
Asche flockig
mir zu.

Schau

Vor Hildegards Kloster
versperrt eine Mauer
die Sicht ins Rheintal.
Oben winzig Moos,
Gras, Farn und Pilze.

Wir recken uns, blicken
auf Zehenspitzen
ins Paradies.

In neuen Ländern

Herzsprung fahr ich ab, halt nicht an,
kreuz übers Land wie'n erfahrener Segler,
peile Alleen, breite Dorfstraßen,
sandgesäumt, niedrige Häuser.
An Neuruppins Promenade
die Eschen, die Astern verkümmern,
es drückt schon im Schuh.
Schwarze Vögel schrein, üben ordentlich fliegen.
In der Dämmerung über Schloss Zieten
sieht's schon preußisch aus.
Hinter Dabelow Katzenköpfe und Waschbrett,
übern Holzsteg ins Paradies.
An den schönsten Flecken saß sicher die Stasi.
Lautlos der See
zwischen Schilf und Kiefern,
den Brehm durch alle Tiere der Kindheit.
Nachts träum ich herzrumpelnd rückwärts
in die Neuseinzeit.

Klappmeter

Bei jedem Umzug
von Zimmer zu Zimmer
von Land zu Land
mit dem Zollstock messen,
sich immer noch
wieder freuen,
schnappen und schnalzen,
die Stäbe spreizen
und klatschen lassen.
Niedere Pflanzen

Am Steilhang ob Vals ein Fels:
Riesenspielzeug.
Pilze und Algen,
der Flechten Doppelnatur,
schwefelgelb aschgrau
safran senf silber.
Farbenfroh lausche ich
dem Schweigen der Grillen.

Reif

Inselmorgen.
Kein Himmel, kein See, nur
das reglose Schilf.
Vereinzelte Tropfen
von Blatt
zu Blatt.

Keckern. Ich schrecke
beiseite. Stammaufwärts
der Schatten.
Das Holz dröhnt.
. . . - . . - .
Morgenessen.
Zögernd spiegelt
eine runde Welt.

Schönes Festland

Braunkohlendunst und Sauerteigduft,
Hinterhof und Hängeboden.
Unterm Dach in Großmutters Küche
ein Kaninchen im Stall,
Schrippen mit Schmalz.

Grün blitzt das Auge
Sportpalastwalzer
Mädchen, die pfeifen
(und Hähnen, die krähn) …
Kalt die Toilette, halbe Treppe.
Der Insulaner hofft unbeirrt.

September in Vals

Über den Scherenschnitt der Gipfel
kriechen die Sonnenfinger, tasten.
Der Hänge verschossener Samt
bestickt mit Herbstzeitlosen.

Auf den Wegen glitzert
der Staub,
ein Schwalbenschwänzchen flirrt an der
späten Distelblüte.

Staupilot

Die Wagen rollen,
wir plaudern entspannt.
Da meldet die Stimme:
Wir stehen im Stau.
Verwirrende Botschaft.
Wir rollen weiter.
Oder sind wir
nicht da, wo wir sind?

Wiener Symphonie

Morgenarbeit.
Fesche Reiter und Rosse
k. u. k. in gemessenem Schritt.
Diesiges Rieseln stürmisch bewegt
um den grauen Kirchturm.
Marillenbrand.
Im Goldenen Saal proben sie
Mahlers Fünfte.
Allegro im Fiaker
durch die Kulissen.
Mary Poppins schwebt,
Finale,
in diesiges Grau
davon.

Renate Domes

in Pfungstadt geboren und aufgewachsen.
Einen Großteil ihres Lebens verbrachte sie mit ihrer Familie (vier Töchtern) in Kelkheim im Taunus. Sie fing früh an zu schreiben und schrieb vorwiegend Gedichte.
Ihr Lebensweg führte sie nach Raunheim, wo sie mit ihrem Lebenspartner und der sie immer begleitenden Lyrik lebt. Es entstanden weitere Gedichte, Prosa, Collagen und Fotoarbeiten.
Mit „Ins Wasser geschrieben" veröffentlichte sie 2016 ihr erstes Buch mit Gedichten und eigenen Collagen.

In Gedichten kann man sich Antworten erschreiben, die das Leben offen lässt, und mit Herz und Seele in das Genre eintauchen, das dem Denken Raum lässt, sich zu entfalten.

Es ist das Spiel mit den Worten, der Klang der inneren Haltung, der die Welt umarmen will mit all ihren Genüssen und Unvollkommenheiten, Freuden und Ängsten.

Lyrik ist für mich die ehrlichste und auch unmittelbarste Kunstform. Direkt und ungefiltert. Es gibt so wunderbare Lyrik in der Welt, und sie will gehört werden. Sie sucht eine Stimme. Ich möchte dazu beitragen, ihr eine Stimme zu geben.

Kalender

Ehrlicher Freund.
Dein Blatt,
nicht vor dem Mund,
liebe ich
Zeitschinderin
deine 365 Wunder
im Jahr.

Dreizehn Mal schwarz

schwarz die Erde aller Welten
schwarz hell rot, die sie bestellten
schwarze Kohle aus tiefen Stollen
schwarzer Rauch schnell windverschollen
schwarz die Asche unsrer Ahnen
schwarz die Höhle, aus-der wir kamen
schwarz die Daten aller Kriege
schwarz des Kosmos Sternenwiege
schwarz der Mohn der süßen Träume
schwarz die Krankheit, stiller Räume
schwarz der Schatten Sonnenhände‘
schwarz der Anfang
schwarz das Ende

Änderlich konstant

Es bleibt die Rosenblüte,
der Holunderblütenduft
im grünen Wohnraum.
Behimmelt esse ich Blüten,
nehme Platz in der
Mohnkapsel und höre
das Wogen der Ähren.
Änderlich, das ich bin,
konstant das Sterblich.

Abschied von Gestern

Der beginnende Herbst
wirbelt Staub auf,
kurz hält der Zeitzug:
Bitte einsteigen,
das Ziel fährt bald ab!
Ich sitze mit Augen bedeckt
im Fenster.
Wolken ziehen vorbei.
Bleibt alles, wie es niemals war?
Ist nicht Gefundenes verloren?
Verschollen im Paradies
das Sehnsuchtsziel,
in der Hand
rast unter mir die Zeitschiene,
getroffen von einem
Sonnenstrahl.

Möge ein Freudchen

Heute habe ich meine Solezahnpasta
im Kühlschrank gefunden.
Daneben saß ein heißer Gedanke von mir
und fror fürchterlich.
Mein schweigendes Entsetzen
zeigte das Ende der Ausbaustrecke an –
und weit und breit keine Ahnung der Antwort,
geschweige denn einer Frage.
Diese unaufgeräumte Leere macht mich wahnsinnig –
und dann diese Pseudoromantik!
Wer diesen Hades erforschen will,
benötigt den Faden der Ariadne,
eine Pfefferkatze oder Rahmratte,
kurzum eine Muse,
deren Herzbändel ein wenig raushängt,
mit der man zusammen in Berge beißen kann.
Mit dem Bild zur Wand steht die Frau
mit dem harten Kleid,
zerbissen die Zeit und zerzaust
das unentschlossene Haar.
Zu viel des Guten, zu wenig des Nötigen
trollt sich die Sehnsucht ins Haus am See,
das Freudchen auf der Schulter:
Feder (viel)leicht.

Zeitverschwund

Das Mohntrauma begann
mit dem Bett im Kornfeld.
Das Zeitfenster stand offen,
ich warf Johanniskraut hinein,
und einen Lidschlag später
spargelte es heftig.
Ich watete bis zu den Schenkeln
im Erdbeermeer.
Er säuselte was von meinem
roten Erdbeermund,
meinte wohl Kirschen, der Fuchs,
und einen Holunderschnaps später
war mir die Obstsorte
meines Mundes egal.
Ich stöckelte mitten hinein
in die Brennnesselwürze,
und plötzlich hörte ich
den Honig wachsen.

Beschenkt

Reichlich beschenkt
vom Leben
verneige ich mich
in Dankbarkeit
vor den Ahnen.
Möge das Leid der Welt
der innewohnenden

Weisheit weichen!
Möge Frieden mit
am Weltentisch
sitzen!

So wenig viel Kürzergeschichten

Das Leben ist kein Künstlerwettbewerb.
Ich öffne meine Musenmappe voller Stimmungsspuren.
Da ist ein einziges Verwobensein,
eine furchtlose Feder, der Gedankenlinie folgend.

Ein Leben überleben mit Frieden im Kopf.
Ich öffne das magische Fenster
und blicke auf die Küsten des Nichts.
Der Augenblick nistet in meinen Kleidern,
ich lausche den Stimmen der Ahnen.

Draußen in den Giftkammern
der Zivilisation herrscht Krieg.
Terror ist männlich und weit weg
von den weiblichen Verwandlerinnen.
Die Alchemie der Lebensgeschichten
für ein glückliches Tochterland
sitzt vor Schüsseln voller Liebe und verhungert.
Jahrhundertgeschichten sind Hexengeschichten,
sind Hurengeschichten, geschrieben von
Drachentötern und Religionskriegern,
gelebt von Unwissenheit und Ungerechtigkeit.

Die Siege der Verlierer sind das Land, das es nicht gibt,
Kunstwelten, die das Schöne
ohne das Wahre und Gute haben möchten,
medial umhüllt von glattgepixelten Gesichtern.
Weltzustände, in Szene gesetzt,
verarmt unter der Oberfläche der Dinge.
Die großen Fragen des Lebens kann man nicht googeln.
Wir sind immer vier Berge
und fünfzehn Straßen weit von ihnen entfernt.

Um es mit sich selbst zu versuchen,
hilft eine Kehrtwende nach Innen,
eine Kürzergeschichte
mit dem Zeigefinger voll auf die Wunde.
Mehr geht nicht als die Uhr verbiegen.

Brennnesselzeiten

Die vergesslichen Engel,
der Krieg und sein Bruder,
die Lügen und andere Wahrheiten
brennen mein Herz.

Die bleiernen Zeiten,
das Kummerland,
die einstürzenden Sicherheiten
brennen das Land.
Das Zuhause im Labyrinth,
die Sklaven der Gewohnheit,
die Mangelverwalter
verbrennen die Hoffnung.

Die Angst vor dem Tod,
die muss sterben,
die Frau der tausend Anfänge.
Windhauch über der Glut.

Es ist Zeit

Wenn die Sterne still verglühn,
ohne Licht ins Jenseits ziehn,
Neugeburten hell erstrahlen,
staunende Gesichter malen,
dann ist's Zeit.

Wenn Ulysses Entdeckungsreisen
unerforschte Welt einkreisen,
der Galaxis Sternenwiege
triumphiert stumm über Siege,
dann ist's Zeit.

Wenn schwarze Löcher Fragen schlucken,
im Nebeltanz Quasare ducken,
Supernovae explodieren,
wir in Sonnenwinden frieren,
dann wird's Zeit.
Wenn Turbulenzen sich verdichten,
vorm Horizont die Welt vernichten,
dann ist der Jüngste Tag zu spät,
dann ist die Zeit, die blieb, verweht,
dann ist's zu spät.

Emeret Lu
sehr alte Dinge

Suche nach Menschsein,
die Welt entlang fliehen,
auf den Narben,
im Gesicht der Erde
suchen
nach dem Kloster
der Vernunft.
Eine Weltnische finden,
ankommen
im Tagtraum zur
Nachtwache,
den Herzschlag der Heimat
aus dem Koffer packen.
Lebtag für Lebtag
auferstehen.

Ankommen im Dasein

Bleib hungrig,
bleib unangepasst!
Such dir ein Grundstück
im Meer der Ruhe,
zieh deine Atemkreise,
lass Leben geschehen!
Vergiss den Dorn im Hals,
die Träne im Ohr,
sei eine große Seele!

Mach einen Kopfsprung
durch die Tür!

Komm an!

Jederzeit

Man kann nicht
den Raum mit Netzen fangen
oder den Horizont nachlaufen
in Erwartung anzukommen.

Man kann nicht
das Wasser von morgen trinken:
Wozu auch in den Fluss
des Vergessens steigen?

Man kann nicht Nirwana
bei sich in der Tasche tragen
wie einen Artikel mit Marktwert.

Aber man kann
mit der Glückstür ins Haus fallen,
kann einen Kopfstand machen,
sehn ,wie das Meer über dem Himmel schwebt.

Man kann sich
jederzeit in das fließende Leben stürzen.

Vom Verschwinden und der Magie des Ankommens

Vaters Muttersprache,
Mutters Vaterland,
Dortwohin nach Anderseits.

Lehrlinge des Lebens,
Bruders Dahinter
ist Schwester Davor.

Kinder, der Horizont
ist nicht das Ende.
Das Multiversum wartet.

Am Schellfischpfosten
lasst uns treffen
zum Finden und Verschwinden.

Doch ein wenig bleiben wir noch.

Volker Erdelen

geboren 1960 in Frankfurt am Main, in Kelkheim inmitten von Streuobstwiesen aufgewachsen. Seit 2000 ist er wieder in Kelkheim zu Hause. Er ist freiberuflicher Biologe, Fledermausgutachter und Umweltplaner, außerdem Naturschützer, Obstbauer, Weltreisender und Schreiber von Geschichten und Gedichten. Er hat einen Band mit Kurzgeschichten veröffentlicht.

Ich schreibe dann und wann, seit ich es kann. Eine der wenigen nützlichen Fähigkeiten, die ich meiner Schule verdanke. Ich schreibe Gedichte und kleine Geschichten, spiele mit Worten. Zu etwas Längerem reicht es nur selten. Da sind Geschichten aus aller Welt, aus allen Zeiten, von allen Lebensformen. Miniaturen, die in viele Facetten aufgehen und wieder verschmelzen. Alles Leben ist letztendlich eins und gleichermaßen bedeutsam, da gibt es keinen Unterschied.

Das Puppenhaus

Es stand bei Mäxchen im Zimmer.

Einst hatte es seiner älteren Schwester Bettina gehört, aber die war jetzt aus dem Haus, hatte sich nach Hamburg verheiratet, wo ihr Mann als Kapitän auf den großen Schiffen fuhr. Und davor war es im Besitz seiner ältesten Schwester gewesen, die hatte es von Tante Margarethe zu Weihnachten bekommen, aber als Ilse nach Rendsburg ging, vermachte sie es Bettina. Und nun stand es bei Mäxchen.

Auch wenn jeder ihn so nannte: Mäxchen zählte inzwischen fast fünfzehn Jahre und war nicht mehr in dem Alter, wo ihn Puppenhäuser beschäftigen sollten. Und dennoch stand es da auf seiner Kommode: ein aufgeklapptes Bilderbuch, unterteilt in Straße und Wohnzimmer, Küche und Kaufmannsladen, und aus den Wänden und dem Boden ließen sich die Möbel und die Bewohner herausklappen und füllten die Räume mit Leben. Und obwohl Mäxchen tagsüber andere Dinge im Sinn hatte – Schule und Mädchen und seine Freunde – wenn er nachts in seinem Bett lag, konnte er es an der Wand gegenüber sehen. Ab und zu schien der Mond durchs Fenster, sein Licht fiel auf die Kommode und das Puppenhaus, und dann warfen die Figuren Schatten an die Wände und wurden fast lebendig. Die Bilder und Vorhänge sahen wie echt aus, und die Puppenstuben wurden zu richtigen Räumen in seinem Zimmer, kleine nächtliche Räume, in die das Mondlicht fiel.

Und das war der eine Grund, wieso Mäxchen nicht daran dachte, das Puppenhaus wegzutun, obwohl ihn seine

Freunde hin und wieder damit hänselten, wenn sie sich bei ihm versammelt hatten.

Von all den Figuren darin hatte es ihm der Klavierspieler in der guten Stube angetan. Der rothaarige Bub saß auf einem Schemel, die Hände über der Klaviatur vor ihm, bereit, in die Tasten zu greifen, während eine blonde Frau am Tisch daneben saß und lauschte, in den Armen ein kleines Kind haltend. Mäxchen hätte selber gern Klavier gespielt, aber die Eltern hatten keinen Sinn für so etwas, und in den kargen Nachkriegsjahren war einfach nicht genug Geld da. Manchmal konnte er die Musik hören: die langen, kunstvoll verwobenen Tonfolgen einer Bachschen Fuge, das Anschwellen und Verhallen einer Haydn-Sonate, verspielte Mozart-Triller oder das rasante Galoppieren von Chopin-Etüden. Mäxchen kannte nicht viel Klavier-Musik, auch wenn er Gelegenheit suchte, welche zu hören. Aber in der kleinen Stadt vor den Toren Hamburgs war solche Gelegenheit rar genug. Er wusste nicht, woher er diese Musik kannte, es musste wohl dieser Klavier spielende Rotschopf sein, der sie ihm ins Bewusstsein brachte. Das passierte nicht jedes Mal, wenn der Mond ins Zimmer schien, aber doch recht häufig. Und manchmal, wenn Mäxchen besonders glücklich oder besonders traurig war, spielte der Klavierspieler auch ganz ohne Mond für ihn. Auch deshalb hätte Mäxchen das Puppenhaus nie auf den Speicher schaffen mögen.

Es gab aber noch einen anderen Grund.

Alles in diesen Stuben war alt und ehrwürdig wie zu Kaisers Zeiten, als es den anständigen Leuten noch gut gegangen war. Damals hatte Mäxchen einen großen Bruder, der hatte einstmals den Kaiser gesehen, da war er noch jünger gewesen als Mäxchen heute. Und als dieser in die Schule kam, da ging sein Bruder zu den Soldaten. Schneidig sah er aus, wenn er in seiner Uniform nach Hause kam, mit den bunten Streifen auf den Schultern, und war sein Schnurrbart auch noch kurz, so war er doch verwegen und stolz, seinem Vaterland zu dienen. Und Mäxchen vergötterte seinen großen Bruder wie der den Kaiser.

Dann kam der Krieg. Sein Bruder ging fort, und als er nach langer Zeit wiederkam, da sah er anders aus, älter und auch trauriger. Sein Schnurrbart war lang geworden mit gezwirbelten Enden, spitz wie Bajonette, aber er redete kaum noch, und am wenigsten mit Mäxchen. Der wollte alles wissen von der Front, und wie sie den Franzosen gejagt hätten, aber sein Bruder lächelte nur und sagte: „Geh spielen, solange du kannst", und hatte sich abgewendet. Dann war sein Heimurlaub zu Ende, er musste nach Verdun und kam nicht mehr zurück.

Und das war der zweite Grund, der wirkliche Grund:

Wenn das Mondlicht in die Stuben fiel und der rothaarige Junge Klavier spielte, ein trauriges Largo oder ein beschwingtes Andante, und alles war wie zu Kaisers Zeiten, dann würde früher oder später die Tür aus Eichenholz aufgehen und sein großer Bruder würde hereintreten, sich zu der blonden Frau mit dem Kind an den Tisch setzen und zuhören.

Und alles wäre wieder so wie früher, und alles wäre gut.

Die Ballade von den drei Pfeifern

Über die flachen Weiten des Nildeltas strömten die ersten Strahlen der Morgensonne. Noch trieben Dunstschwaden über den Kanälen und Lagunen, glitzerten Tautropfen auf Schilfhalmen und in den zahllosen Spinnennetzen.

Im roten Morgenlicht hockten drei Hirtenregenpfeifer auf einem Schlammhaufen, der sich aus einem Altwasser emporwölbte, und diskutierten über den vergangenen Tag.

„Hols der Geier", schimpfte gerade Al Wassis, der älteste und erfahrenste von den dreien. „Da sieht alles so gut aus – die Ebbe kommt, das Wasser fällt, und alle Sandbänke wimmeln von fetten Würmern. Ich denk mir noch, gleich geht's da rüber, Abendessen. Da kommt dieser…" Er blickte einen Moment bedenklich auf Kleo, das Nesthäkchen der Runde, seine Kusine zweiten Grades, noch so jung und unschuldig, und Al schluckte lieber runter, was er hatte sagen wollen – „… also dieser Oberägypter mit seinem Traktor und fährt quer durch den Schlammassel, einfach so, und natürlich sind sofort alle Würmer in ihren Löchern verschwunden. Bis sie wieder hochgekommen sind, war schon die Flut im Anmarsch, und ich hab die ganze Nacht Kohldampf geschoben, weil ich nicht mehr genug fangen konnte!"

„So ein Skandal", unterbrach Ibn Machmuth den Wortschwall. Er war Als bester Kumpel und selbst ein geachteter Wurmjäger im besten Alter (und mit Ambitionen auf ein gemeinsames Nest mit Kleo, aber das nur nebenbei). „Zu Pharaos Zeiten hätten sie ihn den Krokodilen …"

„Hier gibt es aber doch gar keine Krokodile mehr",

unterbrach Kleo schnabelweis Ibns Ausbruch der Entrüstung, „jeder am Nil weiß das!“

Alle anderen hätte Ibn für so eine Bemerkung gehackt, aber Kleo konnte sich bei ihm alles erlauben. Er plusterte sich nur mal kurz auf, zupfte verwirrt an seinen Handschwingenfedern und starrte sie dann wieder verzückt an.

„Lass uns zu Isis rüberfliegen und schauen, wie die Schlammfliegenmaden dieses Jahr gedeihen“, schlug Al Wassis vor. „Wie gesagt, ich hab …“

„Kohldampf, jaja“, krähte Kleo und hüpfte von einem Bein aufs andere, „Das ist ja nix Neues!“

Al hackte nach dem vorlauten Backfisch, aber nur einmal und nicht sehr gut gezielt. Dann schwang er sich auf die Flügel, und die beiden anderen sahen sich an.

„Wenn einer voranfliegen muss, lass ihn“, pflegte die uralte Schleiereule zu sagen, die in einer hohlen Kopfweide am Fluss wohnte, und so folgten Ibn und Kleo ohne viel Federlesen.

Isis Ibis residierte auf einer kleinen Insel im Hauptkanal, und dahinter lag ein langer Streifen von Schlamm und Modder, der im Frühling von fetten Maden nur so wimmelte. Schon von Weitem sahen die drei Regenpfeifer, dass Isis nicht daheim war. Außer einem halben Dutzend Rostgänsen, die fett und faul am Ostufer rasteten, war die Insel leer. Und das war auch besser so, denn Isis hasste Regenpfeifer. Hirtenregenpfeifer zwar nicht ganz so sehr wie Seeregenpfeifer oder Kiebitze, aber trotzdem – wenn Isis in der Nähe war, konnte man einfach nicht in Ruhe picken. Bestenfalls kam sie rüber und jammerte einem was vor, wie schlecht die Welt war. Schlimmstenfalls setzte es Fußtritte und Schnabelhiebe, obwohl die Maden auf der Schlammbank Isis völlig egal waren.

Aber an diesem Morgen war die Küste klar, und in Augenblicken waren Al, Ibn und Kleo dabei, sich den Bauch vollzuschlagen mit den fettesten Maden, die die Welt seit dem großen Feuer von Kairo gesehen hatte.

Sie waren schon eine Weile beschäftigt und hatten sich so vollgestopft, dass sie begannen, im Schlamm zu einzusinken, als sie plötzlich hinter sich eine Stimme hörten:

„Was haben wir denn da?"

Eine große Falbkatze saß sprungbereit am Steilufer. Ibn und Al flogen sofort auf, aber Kleo war in ihrer Fressgier zu nah an die Insel geraten und weilte mitten in der Gefahrenzone. Sie erstarrte, unfähig, auch nur eine Flügelspitze zu rühren. Al und Ibn kreisten über ihr und der Katze, aber es gab scheinbar nichts, was sie tun konnten, um das grausige Vieh von Kleo fernzuhalten.

„Sie ist satt und will nur spielen", rief Al Ibn zu. „Wäre sie hungrig gewesen, hätte sie keine Fragen gestellt, sondern gleich zugeschlagen."

„Pass auf, Kleo", ließ sich plötzlich Ibn vernehmen. In seiner Verzweiflung zog er in rasantem Sturzflug auf die Katze hinunter und flog ihr so über den Kopf, dass er fast ihre Ohren streifte und ihr einen Scheitel zog. Kleo erkannt ihre Chance und flatterte los, im gleichen Moment, als die Katze sprang. Da fehlte nur eine Federbreite, aber die Katze landete im Matsch, und die drei Pfeifer flogen höhnisch schnatternd in sicherer Höhe um sie herum.

„Ätsch ätsch angeschmiert", gackerte Kleo laut und vernehmlich, so dass alle Rostgänse zu ihnen herübersahen. Dann flogen sie den Kanal hinauf.

Die Katze musste sich nach dieser Begebenheit über eine Stunde lang putzen und hatte noch tagelang den Geschmack von Nilschlamm auf der Zunge. Sie beschloss, nie wieder Regenpfeifer zu jagen und wurde auf ihre alten Tage Vegetarierin.

Die drei Pfeifer aber suchten sich eine Sandbank, wo sie den ganzen Tag auf einem Bein stehend in der Sonne dösten. Bald darauf heirateten Ibn und Kleo und hatten wenig später ein Nest mit sieben kleinen Regenpfeiferküken darin, und wenn sie nicht gestorben sind, dann pfeifen sie noch heute.

Zum Sonnenuntergang...

Über die Bucht von Halong wehte von Norden her ein kalter Wind und fegte die Schwüle und den Dunst und den Rauch der Städte aufs freie Meer hinaus. Wir waren den ganzen Tag da draußen gewesen, die Fischer hatten gefischt, und ich hatte auf dem Kabinendach herumgelungert, versucht, möglichst wenig im Weg zu sein, und Seevögel beobachtet: große schwarze Fregattvögel, kleine hektische Seeschwalben, Tölpel beim Stoßtauchen und gelegentlich Möwen oder Kormorane.

Jetzt, gegen Abend, als der Wind auffrischte, schob uns der altersschwache Schiffsdiesel mühsam gegen die Wellen, welche schon die eine oder andere Schaumkrone trugen, und wenn der Bug sich in eine Woge hineinbohrte, spritzte die Gischt bis zu mir herauf, belegte Brille und Fernglas mit einem schmierigen Salzfilm. Draußen war die Gischt klar und frisch gewesen, aber je mehr wir in den

Schutz der Bucht kamen, desto grüner und trüber wurde das Wasser, roch nach Algen, Moder und toten Fischen. Die Felstürme haben die Bucht von Halong berühmt gemacht, bizarre kleine Inselchen mit senkrechten Steilufern und oben, fünfzig oder achtzig Meter über dem Meer, ein Schopf aus grünem Gestrüpp, unerreichbar.

Zwischen den Inseln waren die Wellen nicht mehr so hoch, die Schaukelei ließ nach, und der Motor klang nicht mehr so gequält. Dafür sank die Sonne nun rasch, und es wurde klar, dass wir auf keinen Fall vor der Dunkelheit in den sicheren Hafen kommen würden. Die Fischer wirkten nicht besorgt – verständigen konnte ich mich nicht mit ihnen – ich hoffte bloß, dass sie ihren Weg auch im Dunkeln finden konnten. Die Vögel des Meeres hatten sich verzogen, und ich sah zwischen Felstürmen hindurch, wie die Sonne hinter den fernen Bergen im Landesinneren versank. Im Norden hatte sich eine Wolkenbank angehäuft, die uns näher kam.

Wenige Minuten, nachdem die Sonne verschwunden war, begann die Wolkenbank, sich von grau zu leuchtendem Orange zu Rosa zu verfärben, ein Ton von Magenta bis Flieder, und selbst die ewig quatschenden und lachenden Fischer wurden ruhig und sahen hinaus, wie das Wasser, die Felsen, der Himmel und die ganze Welt in ein rosiges Licht getaucht wurden wie farbiger Zuckerguss, unecht und kitschig wie künstliches Himbeereis, selbst die Gischt am Bug sprühte in rosa Fontänen, und dann, in der hereinbrechenden Dämmerung, teilte sich keine hundert Meter vor uns das Wasser und ein großer, dampfender, brennend roter Kopf stieg vor uns auf. Es folgte ein langer Hals und ein Rücken wie ein Kahn und zum Schluss peitschte der Schwanz aus dem Wasser und verschwand wieder in der Gischt, und ich weiß noch, dass ich keine Verwunderung spürte, keinen Schrecken, nur irgendwo in meinem Kopf eine Feststellung mit einem Unterton von Erstaunen: „Oh – ein Plesiosaurier!"

Ich hätte an meiner Wahrnehmung gezweifelt, aber dieser Eindruck war einfach nur echt gewesen, das am Hals herabströmende Wasser, der Dampf aus den Nüstern, der unbeschreibliche, schlammige Geruch, der herüber wehte, und dann blickte der Steuermann zu mir herauf, seine Augen und sein Mund weit aufgerissen, als er sich zu mir umdrehte, als ob er sich vergewissern wollte, dass die fremde Langnase das gleiche gesehen hatte wie er, und auch backbords von der Reling tönte ein Gurgeln wie ein erstickter Schrei, ein Geräusch völliger Fassungslosigkeit.

Derweil hielten wir, wenn auch im Kriechgang, weiter auf die Stelle zu, wo die Kreatur aufgetaucht war. Und als ob sie meine Zweifel an ihrer Echtheit gespürt hätte, tauchte etwas weiter Backbord, aber deutliche näher, wieder der Drache auf, präsentierte seine Seite, wirbelte mit dem Schwanz die Wellen auf, während der Kopf mit seinen großen schwarzen Augen auf mich herabsah. Uns trennten vielleicht noch zwanzig Meter, als das rätselhafte Ungetüm plötzlich mit dem Kopf zuerst nach vorne schoss, den Rücken hochwölbte und geschmeidig, ohne noch einmal groß Wellen zu machen, in den trüben Fluten verschwand – zum Schluss die Schwanzflosse in einem Kranz aus Schaum, und das war das letzte, was wir davon zu sehen bekamen.

Bis das Boot festgemacht war, sagte niemand etwas, und keiner lachte. Eine gespenstische Stille hatte sich ausgebreitet. Als die Leinen fest waren, der Motor verstummte und ich schon über die Reling klettern wollte, winkte mir der Kapitän zu bleiben. Er und seine drei Matrosen saßen auf dem Achterdeck auf den Fischkisten und auf einer Bordwand und tranken. Der Kapitän drückte mir auch eine Tasse in die Hand. Ich nippte, zunächst misstrauisch, dann mit zunehmender Begeisterung. Es war heißer grüner Tee, und mit jedem Schluck schien sich ein Loch in der Wirklichkeit, das unbemerkt und heimlich in mir aufgerissen war, wieder ein Stück weit zu schließen. Eine angenehme Wärme breitete sich vom Magen in alle Richtungen aus. Wir saßen noch ein paar Minuten schweigend herum und tranken, dann stand ich auf, verneigte mich, nahm meinen Rucksack und machte mich auf den Weg, ein Taxi suchen und zurück zum Hotel. Viel zu sagen hätte es ohnehin nicht gegeben. Besser gar nicht davon reden. Das glaubt sowieso keiner.

Unten am Fluss

(Die Frau von Brassempouy)

Es war eine dieser seltsamen Nächte, in denen es nicht kalt wurde. Vom Mittag her wehte ein warmer Lufthauch, und der Sand des Flussufers schimmerte im Licht des Vollmonds.

Vor Sonnenuntergang hatte ich die Spur zweier Elche gefunden und war ihr flussabwärts gefolgt, weiter, als ich je zuvor gegangen war. Meinen Jagdtrupp hatte ich lange hinter mir gelassen, und über der Verfolgung war es Nacht geworden. Im Dunkel des Waldes verlor ich schließlich die Spur, und nun ruhte ich im Schatten eines Weidenstumpfes und sah auf den Fluss hinaus, der hier, glatt und träge, eine breite Lagune bildete, und wartete auf den Morgen.

Ein Windhauch raschelte in den Blättern, ab und zu sprang ein Fisch, eine Mücke summte, wieder raschelte es.

Ich bemerkte sie erst, als sie aus dem Schatten des Unterholzes ins Mondlicht hinaustrat, kaum spürbar wie der leiseste Windhauch. Ich war überrascht, und es kostete mich alle meine Mühe, reglos zu bleiben.

Sie ging zum Wasser hinunter, streifte ihren Umhang ab, legte ihn auf ein Stück Treibholz und watete in die Fluten, als ob sie allein auf der Welt sei: eine hohe, anmutige Gestalt, deren Haar im Mondlicht glänzte. Das leise Plätschern ihrer Schritte verriet mir, dass sie lebendig war und kein Wesen der anderen Welt.

Als das Wasser ihre Schenkel erreichte, ließ sie sich fast geräuschlos hineingleiten und schwamm. Die Wellen brachen das Mondlicht und verrieten, wo sie war, malten ihre Spur auf den Wasserspiegel, bis sie im Schatten des gegenüberliegenden Ufers verschwand.

Ich saß wie erstarrt. Ich hatte ihre Nähe nicht gespürt. Sie schien ohne Begleitung zu sein, so wie ich, dennoch würden ihre Leute nicht weit entfernt sein. Ich hatte nicht erwartet, hier Fremde zu treffen und auch keine Spuren gesehen. Vielleicht hatte der warme Sommer und der Mangel an Jagdwild sie hier hergebracht. Auf alle Fälle hieß das, sehr vorsichtig zu sein.

Ich war noch dabei, zu bedenken, was jetzt zu tun sei,

als ich das Glitzern der Wellen sah. Sie kam zurück! Nicht dass es mich überrascht hätte, sie hatte schließlich ihren Umhang am Ufer zurückgelassen. Noch wäre Zeit gewesen, sich zurückzuziehen, aber ich saß wie gebannt, als die Wellenspur auf mich zukam.

Weniger als einen Pfeilschuss entfernt erreichte sie das Ufer und stieg aus dem Wasser, das aus ihrem Haar und an ihrem Körper herab lief. Ich hielt den Atem an. Sie war jung, und sie hatte eine Gestalt und ein Gesicht, wie es nur Göttinnen haben können. Ihre Schönheit übertraf alles, was ich in meinem Leben je gesehen hatte. Sie griff nach ihrem Umhang und kam auf mich zu. Nur ein Dutzend Schritte von mir entfernt blieb sie im Mondlicht stehen. Sie konnte mich hier im Schatten nicht sehen, das wusste ich, und doch sah sie zu mir herüber, sah mir in die Augen, durch sie hindurch und in mich hinein. Dann wandte sie sich ab und verschwand auf einem anderen Pfad zwischen den Bäumen, so unmerklich, wie sie gekommen war. Nur die Fußspuren im Sand bezeugten, dass sie wirklich dagewesen war. Ihr Bild aber blieb eingebrannt hinter meinen Augen.

Viele Monde später, als die eisigen Winde über die Hochebene jagten, fand ich diesen Splitter vom Stoßzahn eines Mammuts zwischen meinen Holzvorräten, wo ich ihn vor langer Zeit vergessen hatte. Er war schlank und anmutig, und wie von selbst griffen meine Finger zu Schaber und Steinbohrer. Und ohne langes Bedenken wusste ich, dass daraus das Bild einer Göttin entstehen würde.

Stille Örtchen

(Das Plumpsklo am Ende der Welt)

Neben der Dunkelheit ist die Stille das auf der irdischen Benutzeroberfläche vielleicht gefährdetste Naturgut. Ein stiller Ort – so etwas gibt es in Deutschland nicht mehr. Zumindest nicht dass ich wüsste. Auch wenn neulich jemand behauptet hat, einen Ort im Hunsrück bei Traben-Trarbach zu kennen, wo man keinen menschlichen Lärm hört. War das vor oder nach der Errichtung der neuen Moselbrücke, frage ich mich. Bei Gelegenheit werde ich mich selber vergewissern.

Autobahnen und Flugzeuge, Steinbrüche mit Nachtbetrieb, heulende Windräder und knisternde Stromleitungen, Modellflieger und Mountainbikes: Es gibt immer einen Grund, Krach zu machen. Selbst die Liebe zur Natur. Denn wenn ich mich im tiefsten Wald mitunter frage: „Was krakeelt denn da?“, dann lautet die Antwort meist: „Menschen auf Waldspaziergang.“ Dann bedauere ich mitunter, dass es bei uns keine Komantschen gibt, die den lautstarken Blassgesichtern eine herbe Lehre erteilen könnten.

Aber auch außerhalb von Deutschland ist die Stille meist nicht so still, wie man meint. Ich rede jetzt nicht von der Anreise – Bus und Bahn, Auto, Motorrad und Flugzeug sowie sämtliche assoziierten Schnittstellen sind wahrlich keine Orte der Ruhe, selbst deren stille Örtchen nicht. Aber ich entsinne mich an Fluglärm im thailändischen Dschungel (Linie Bangkok – Taipeh, war ich drei Tage vorher noch selbst geflogen) und an stille alaskanische Seen, zu denen das Wasserflugzeug die Angler bringt. Auf der abgelegensten Forschungsstation im westlichen Madagaskar röhrt des Nachts der Stromgenerator, so lange der Chef de Camp fernsehen will. Und auf den stillsten Waldpfaden überholen dich Quad und Enduro. Über die Außenbordmotoren diese Welt wollen wir besser schweigen – auch weil man sein eigenes Wort kaum verstehen kann.

Aber ein Ort fällt mir ein, der die Bezeichnung stilles Örtchen in jeder Hinsicht verdient. Wenn auch nur in meiner Erinnerung und die ist schon drei Jahrzehnte alt. Es ist das Plumpsklo am Ende der Welt.

Es steht im Langfjäll in der Nähe von Särna, der südlichsten Gebirgstundra in Schweden. An den Fuß der Berge führt eine einspurige Schotterstraße, aber die Berghänge und die felsige Hochebene sind frei von befahrbaren Wegen. Seen und andere natürliche Landebahnen fehlen, so dass der einzige mögliche Zugang zu Fuß ist, wenn man mal Fallschirm und Hubschrauber außer Acht lässt. Und den Anweg zu Fuß machen nicht sehr viele.

Der Aufstieg von Osten ist in bequemen vier bis fünf Stunden zu bewältigen, auf einem markierten Wanderpfad durch den dichten Bergwald, über Wurzeln, umgestürzte Baumstämme und bemooste Steine in der Flanke eines kleinen Bachtals. Und oben, an der Hangkante über der Baumgrenze, steht die Göljastugan. Sie ist nicht bewirtschaftet und nur für Notfälle gedacht, aber sie hat einen fantastischen Ausblick: nach Osten über den

Abhang des Fjälls auf die endlosen Wälder Mittelschwedens, nach Westen über die flache Weite des Fjälls mit seinen Felsen und Zwergsträuchern. Und da nicht viele Menschen dort hinkommen, ist es wirklich still. Das heißt, die meisten Geräusche, die man nicht selbst macht, kommen vom Wind und den Insekten. Oder vom Regen, aber es regnet nicht so oft dort. Meist regnet es unten, und bei tief stehender Sonne, wenn es aus zerzausten Wolkenhaufen schauert, kann man lautlos kleine Regenbögen übers Land wandern sehen, einen oder zwei oder ziemlich viele.

Das stillste Örtchen aber ist das stille Örtchen, das zu der Hütte gehört. Es steht hundert Meter talwärts, und seine Tür hat sich vor langer Zeit aus den Angeln verabschiedet, aber das macht nichts. Der Wind saust um die spröden Bretter und in den Drähten, die das Häuschen aufrecht halten. Bei schönem Wetter summen die Fliegen lauter als der Wind, bei schlechtem Wetter summen sie nur leise. Es ist immer frisch gelüftet, und die Aussicht über das Land und die benachbarten Hügel ist einzigartig.

Es ist das stillste Örtchen an einem Ort der Stille, und wenn es mir alles mal zu laut wird, denke ich mich dorthin zurück. Nichts als Wind und Fliegensummen und mit etwas Glück das Ende eines Regenbogens – das andere Ende.

Absurdes Sonett zum Jahreswechsel

2007/2008

zeitstrudel zwischen den welten verspielen
keine hoffnung in wünsche bedauern
bewegung in bahnen auf wegen zu zielen
alles kann brechen, alles erschaudern

zweifellos strudel, trubel und stille
schneller erwartungen stählerner klang
eine schwarz-grau-rosane brille
rollt mit den bohnen am boden entlang

drinnen, die draußen zu hause wären
draußen, wer drinne in sicherheit war
drinnen wie draußen schwulstiges schwären

vergiss die bohnen, die ziele und wege
vergiss, was früher schon unwahr war
machs kurz – nimm dir die kettensäge

Kranichgedicht

wo immer ich bin
hör ich kranichgeschrei
von weitem ganz leise
hör ich kraniche schrein
ob sommer ob herbst
selbst im winter allein

ob drinnen ob draußen
ich hör kraniche schrein

ich seh nicht die keile
der eilenden vögel
ich finde die punkte
am himmel nicht mehr
wie himmelstrosse
am stählernen zügel
still schlagende flügel
ich hör kraniche schrein

der himmel ist leer
mit wolken verhangen
die schreie von oben
sind fast schon verhallt
ich hör sie von weitem
ich hör sie erlogen
wo immer ich geh
hör ich kraniche schrein

des nachts im traum
find ich knochen und federn
so viele dass ich sie
kaum fassen kann
die spiegel die ziele
die trassen die jäger
was immer geschah
ich hör kraniche schrein

Von Chartres nach Atlantis

wenn der Sand
über den Boden weht
das Labyrinth verdeckt
und zu Dünen wird
wenn das Meer
seine Zungen ausstreckt
Flüsse emporkriecht
Ebenen verschlingt
wenn Welle um Welle
zwischen gotischen Säulen
den jungen Strand
mit Muscheln verziert
wenn behauene Steine
einst von fleißigen Bauleuten
aus uraltem Berg gebrochen
die Brandung umspült
wenn der Zeitwind
Echo des Echos verwirbelnd
Spieluhrenklänge zu
Musik der Stille formt
wenn Abendsonne ihren Strahlenkranz
durch Wolken treibt
über der Stadt
die keinen Namen mehr kennt

Sabine Muchow

1957 geboren in Hamburg. Studium der Anglistik, Pädagogik und Sport für das Lehramt am Gymnasium. Entkam der drohenden Lehrer-Arbeitslosigkeit durch eine erfolgreiche Bewerbung als Flugbegleiterin bei der Lufthansa in Frankfurt, später Purser auf Langstrecken und 12 Jahre Personalvertreterin. Nach 29 Jahren an Bord befindet sie sich in einer Art Altersteilzeit.

Die Dienstagabende mit elf sehr unterschiedlichen Autoren sind für mich intensive, herrlich ansteckende Stunden, in denen ich viel von den anderen lernen darf. Wir reden uns erst einmal in ein Thema hinein, schaukeln uns verbal in Assoziationen, während manche schon zu schreiben begonnen haben und andere zunächst so aussehen, als würde ihnen heute nichts einfallen. Dann aber entstehen fantastische Gedichte, Erzählungen, bizarre Wortschöpfungen und nicht selten biographisch inspirierte Kurzgeschichten. Ich fahre, nachdem jeder seinen Text vorgelesen hat, zurück nach Bad Homburg und fühle mich hundertfünfzig Prozent lebendig.

Bekanntlich ist das Über-Ich im Alkohol löslich

Auf dem Weg zur Klavierstunde pflegte Herr Nolte stets dieselbe Route zu nehmen. Pünktlich um viertel vor vier brach er auf, um auf dem Fußweg zu seiner Schülerin etwas für seine Gesundheit zu tun. Wie immer hing bereits sein graues, schon etwas abgewetztes Jackett an der Garderobe bereit. Darunter standen die blank geputzten Budapester, und abwechselnd trug er dazu entweder ein waldgrünes Hemd mit einer rentiermoosfarbenen Krawatte oder – so wie heute – das weinrot karierte mit einer schwarzen Fliege.

Bevor er seine bescheidene Einliegerwohnung verließ, setzte Herr Nolte noch seinen schwarzen flachen Hut auf, nachdem er die dünnen, mit Brillantine gebändigten Haare rechts gescheitelt und glatt an den Kopf gekämmt hatte.

Susi war wie immer etwas nervös, bevor die Klavierstunde begann. Sie erwartete ihren Lehrer schon und sah aus dem Wohnzimmerfenster, wie er steif und kerzengerade auf dem Kiesweg den Garten der Villa durchquerte, sorgsam die Schuhe auf der Fußmatte vor der Haustür abputzte und klingelte.

Das Mädchen hatte wieder einmal zu wenig geübt.

Frau Köster sah gleichzeitig aus dem Küchenfenster und begann beim Anblick des überkorrekten Männleins zu kichern. Sie zupfte an ihrem kurzen roten Kleid, überprüfte im Spiegel den Sitz ihres Ausschnitts und nahm schnell noch ein letztes Schlückchen aus dem bereits fast leeren Sektglas.

„Mach dich mal locker, Herr Nolte“, flüsterte sie. „Wollen wir doch mal sehen, ob ich später Willi zu dir sagen darf!“

Inzwischen hatte der steife Willi Nolte neben dem schönen alten Klavier Platz genommen und bat Susi, ihre Fingerübungen zu beginnen. Die Zwölfjährige hatte schon ganz kalte Hände, denn sie hatte Angst, sich dabei zu verspielen. Außerdem versuchte sie, flacher zu atmen, denn der Klavierlehrer roch nach einer Mischung aus alter Lederweste und Zigarillos.

Herr Nolte beugte sich zu ihr hinüber und legte ihr vorsichtig genau einen Finger auf die Schulter.

„Komm, Susi, du kannst es doch – fang einfach an!“ versuchte er, sie zu ermuntern. Sein Blick durch die schwarz gerahmte Brille verunsicherte das arme Mädchen aber erst recht, und so klimperte sie kaum hörbar die erste Tonleiter. Herr Nolte räusperte sich und begann zu hüsteln. Da brach die Kleine in Tränen aus und lief schluchzend die Treppe zum ersten Stock hinauf.

„Susi, bleib doch hier!“ rief der Lehrer. „Du kannst die Tonleitern weglassen und gleich mit ‚Für Elise‘ beginnen. Na, komm schon!“ Dabei drehte er nur seinen Kopf, nun unbehütet, und blinzelte etwas indigniert in Richtung der Küche, aus der relativ laute Töne zu hören waren. Normalerweise herrschte absolute Ruhe während der Klavierstunde, darauf hatte er von Anfang an bestanden.

Immer lauter wurde die Musik. Herr Nolte erkannte einen Samba-Rhythmus, dann fegte ein rot gekleideter Wirbelwind in Richtung Klavier. Der Mann erhob sich und wollte Frau Köster, die er nun erkannt hatte, mit einer Verbeugung begrüßen.

„Ach, Herr Nolte, entspannen Sie sich!“ lachte die Mutter. Sie drückte dem erstaunten Mann ein Glas Sekt in die Hand, stieß mit ihrem eigenen an und sagte: „Prost, mein Guter! Ich heiße Bettina.“ Der Lehrer verschluckte sich bei dem Versuch, einen Höflichkeitstropfen zu trinken.

„Ich bitte vielmals um Verzeihung, meine Dame“, hüstelte er. „Aber mir wäre es lieber, Sie weiterhin mit Frau Köster anzusprechen.“

„Ach was, daran gewöhnen Sie sich schon. Nehmen Sie doch noch einen Schluck“, antwortete Bettina Köster.

Sie trat dicht vor ihn hin , musste sich aber wegen des Größenunterschieds ein bisschen hinab beugen und offerierte dabei zwangsläufig ihr Dekolleté.

Herr Nolte kippte brav einen großen Schluck hinunter und versuchte krampfhaft, in eine andere Richtung zu blicken, was ihm allerdings misslang.

„Wissen Sie, ich trinke eigentlich nicht“, erklärte er verlegen. „Wie schnell verliert unsereiner die Contenance.“

„Aber, aber Herr Nooolte! Probieren Sie doch einfach mal, sich zu amüsieren! Apropos: können sie Samba tanzen?“

„Das hab ich noch nie probiert“, zauderte der Angesprochene. „Dieser Rhythmus ist eigentlich einem Nordeuropäer wir mir – nun ja … unvertraut. Ich nehme noch ein Schlückchen, wenn ich darf?“

Frau Köster füllte ihm das Glas erneut, und der so Ermutigte goss es in einem Zug hinunter.

„Auf Herrn Freud!“ schmetterte er feierlich. „Auf wen auch immer“, sprudelte die Mutter. „Und jetzt wird getanzt! Kommen Sie, Willi – darf ich Sie so nennen?“

Sprach‘s und zog ihn auf das Parkett, wackelte mit den

Hüften und bat Herrn Nolte, mit einem Paar Kastagnetten die rhythmische Begleitung zu übernehmen.

Plötzlich griff der Klavierlehrer wild entschlossen zur Sektflasche. Er nahm einen tiefen Zug, warf Jackett und Fliege auf das Sofa und versuchte, die über die Jahre unelastisch gewordenen Hüften nach links und rechts zu bewegen. Mit den Kastagnetten klapperte er völlig enthemmt den Sambarhythmus zur Küchenmusik.

„Gut so, Willi!“ rief Frau Köster. „Und jetzt barfuß!“

„Das lässt mein Über-Ich nicht zu“, erklärte Herr Nolte verlegen. „Sie, du, Bettina, kennst du eigentlich Sigmund Freud?“

„Ohne Freud kein Leid“, antwortete die Frau belustigt. „Was für ein Über-Ich? Es heißt doch: über mir, oder unter mir – ach ja, kannst du auch Tango tanzen, Willi?“

Der Klavierlehrer hatte schon ganz glänzende Augen.

„Ja, hab ich in der Tanzschule gelernt. Bettina, meine Holde, halt dich fest, es geht los!“

Und schon schob er die junge Frau durch das Wohnzimmer. Susi sah vom oberen Treppenabsatz zu, wie ihre Mutter fast auf das Klavier gelegt wurde, bevor ihr sonst so zurückhaltender Lehrer seine Tanzpartnerin, eng an sich gepresst, in den Flur schob und aus vollem Halse sang:

„Bekanntlich- bekanntlich- oh Bettina du
schubidubidu
ist der Alllkohoool - nein, das Über-Ich
löslich – ich bin auch schon ganz gelösssst-
löslich im Alkohol, caramba!“

Von diesem Tag an hatte Susi nie wieder Angst vor der Klavierstunde.

Der Charme des Nordpols

„Manche Menschen wollen nicht am Nordpol Urlaub machen, weil sie dort auf die Narzissenblüte ganzjährig verzichten müssen und ihr geliebter Milchkaffee dort ohne Milch und überdies kalt getrunken wird. Doch auch der Nordpol hat seinen Charme. Mit etwas pulverisiertem Yoghurt (das funktioniert nur mit dem schwedischen Produkt gleichen Namens), dem zum Verzehr nur noch kaltes Eiswasser hinzu gefügt werden muss, gelingt ein rauschähnlicher Zustand recht schnell, so dass die Wahrnehmung des Unterschieds zur heimatlichen Frühstückskultur eine reine Euphorie auslöst. In Ermangelung von Eisbären, die die globale Erwärmung leider hat ertrinken lassen – Trumps öligen Plänen sei Dank – schweben den laktosebeschwipsten Touristen plötzlich Lippenbären entgegen, die auf das Wort „Aberkadabra“ mit einem schmatzenden Kuss auf die Nase der erstaunten Reisenden antworten. Spätestens jetzt wird dieser Teil der Erde zu ihrem Sehnsuchtsort.“

Während der Hobbyfilmer Jan noch am Einleitungstext für seinen Film vom letzten Urlaub feilte, hörte ihm sein Rauhaardackel Fritz aufmerksam zu. Er wusste genau, wie er das machen musste: den Kopf schief legen und dazu leise winseln, außerdem ein wenig die Ohren nach hinten legen und dadurch einen leicht verhungerten Eindruck machen – damit sein Herrchen rechtzeitig an das nächste kleine Stückchen Brot mit Leberwurst dachte. Natürlich nicht nur dachte, sondern es ihm ein wenig zu hoch entgegen hielt. Fritz war ein talentierter Hochsprungexperte mit feinschmeckerähnlichen Gewohnheiten, die ihn Pansen verachten und pommersche Leberwurst mit Schnittlauch genießen ließen.

Der Trick wirkte auch heute: Fritz machte einen Satz, schnappte sich den Leckerbissen und wetzte zu seinem Körbchen. Dort ließ er sich Zeit und belohnte Jan mit einem unaufhörlichen Schwanzwedeln.

„Fritz, gefällt dir der Text? fragte Jan. „Meinst du, dass darauf sportliche und humorbegabte Frauen in der Internetbörse ‚Smart Partners' abfahren und sie mich gerne kennen lernen möchten?"

Der Hund antwortete mit einem lauten Bellen und hob eine Pfote zum Zeichen der Zustimmung. Jan lächelte und streichelte Fritz, dann legte er seinem schlauen Kumpel noch ein Stück Leberwurstbrot hin und begab sich zu seinem Laptop. In nur wenigen Minuten hatte er seinen vertonten Film, zu dessen Beginn sich ein Eisberg vom Festland löste, auf den Computer übertragen. Zum Schluss setzte er noch die Überschrift: ‚Coole Frau für kalte Erfahrungen gesucht', tippte auf ‚Enter' und machte es sich mit einem Martini Bianco auf Eis vor dem Bildschirm gemütlich.

Als erstes erhielt er eine Bestätigung, dass Video und Text ab sofort den vielen Kundinnen von ‚Smart Partners' zur Verfügung standen. Dann lief eine Anzeige über den Bildschirm, die in schneller Folge die Anzahl der Anfragen auf eine Skala übertrug.

„He, Fritz, schon zwanzig coole Frauen!" freute sich Jan. „Komm her, sitz! Du darfst eine aussuchen, die erste."

Fritz sprang artig auf Jans Schoß und hielt beide Vorderpfoten exakt parallel, während er seine Schnauze ein wenig anhob, um den Bildschirm besser zu erkennen. Das erste Bild einer Interessentin erschien als kleines Foto im Passformat, bis Jan es so weit vergrößerte, dass deren Kopf die vermutliche Originalgröße erreichte. Eine hübsche Blondine mit glatt gebügelten langen Haaren und einem T-Shirt mit dem Aufdruck ‚Let's get hot, Baby!' lächelte mit jenem für Partnerschaftsannoncen üblichen Blick: halb geöffnete Lippen, großzügig ausgeschnittenes T-Shirt mit erkennbarem Dekolleté und fast unschuldig drein blickenden blauen Augen.

Fritz begann sofort zu jaulen, stellte sich mit einer Drohgebärde auf die Vorderpfoten auf dem Tisch, fletschte die Zähne, trat abwechselnd mit den Hinterpfoten auf Jans Oberschenkeln aufgeregt hin und her und schüttelte seine beiden weichen Ohren.

„Ist ja schon gut, Fritz", brummte Jan. „Die ist auch nicht mein Typ. Na gut, neuer Versuch!"

Auf dem Monitor erschien ein Eisloch in einem See, aus dem ab und zu Wellen schwappten.

„Super, die hat auch ein Video gedreht!"

Jan strahlte. Der Film zeigte, wie sich Risse im Eis bildeten, dann tauchte in der Mitte ein pechschwarzer Strubbelkopf auf, der wild hin und her geschüttelt wurde. Ihm folgte mit Schwung eine äußerst elastische weibliche Person, die sich wie ein Seehund auf das Eis rutschen ließ. Sie trug eine Thermosflasche mit Narzissenmuster in einem Riemen um den Hals, griff zu einem Kästchen an ihrem Gürtel , der einen knappen Badeanzug teilte, und zwinkerte den beiden zu. Sie hatte sehr schöne fast schwarze Augen, leicht schräg und mit einem grünen Ring um die Pupillen.

Fritz war ganz aufgeregt. Es roch für seine sensible

Hundenase auf einmal nach Leberwurst, ganz bestimmt! Er suchte sie sofort hinter dem Laptop.

„Nein, du Rauhaar-Wunder, keine Leberwurst. Heute ist Veggie-Day!“ strahlte die Schwarzhaarige, die den Computer auf Chatten gestellt hatte. „Am Nordpol liebe ich besonders diesen Yoghurt aus Schweden. Einen Moment bitte!“

Sie lächelte geheimnisvoll und schüttelte ein weißes Pulver in ihre linke Hand, goss Eiswasser dazu und schluckte das Ergebnis. Danach rannte sie singend zum Eisloch, aus dem sie gekommen war, sprang elegant hinein und sang hingebungsvoll: „Freude schöner Götterfunken!“ Pure Euphorie, dieser skandinavische Superfood-Yoghurt wirkte einfach immer.

Jan konnte es nicht fassen. Von links war ein Brummen zu hören, dann schob sich eine ziemlich große Schnauze vor die Kamera. Zwei Lippen verdunkelten fast den ganzen Bildschirm und schmatzten ihm und Fritz zu. „Aberkadabra“, flüsterte Jan ergriffen.

„Das ist tatsächlich ein Lippenbär. Fritz, was hältst du von ihr?“

Der Hund sprang außer sich vor Freude am Bildschirm hoch. Jan stimmte in das Freudengeheul seines besten Freundes ein. Er, nein, sie beide, hatten SIE gefunden!

Alle elf Minuten verliebt sich ein Single in einen ‚Smart Partner‘ …

Flugs durch Jahrmillionen

Jenny saß vergnügt in der Badewanne und ließ noch ein bisschen heißes Wasser in den nach Orangen duftenden Badeschaum laufen. Sie summte leise vor sich hin, tauchte mit dem Oberkörper noch etwas tiefer in die herrliche Wärme hinab und spürte das leichte Prickeln der Bläschen an ihrem Kinn. Die sphärisch klingende Musik aus der Musikanlage hinterließ eine wohlige Gänsehaut – trotz des heißen Wassers. Sie griff hinüber zu dem Glas Sekt, das bereits auf einem Rattan-Tischchen auf sie wartete, ließ die eiskalten Perlen des Schaumweines über ihre Zunge laufen und langsam den Weg in die Kehle finden. Endlich Feierabend!

Nach dem zweiten Schluck war es Zeit, die Haare mitbaden zu lassen. Auf einem Holzbrett, quer über die Wanne gelegt, lag schon der große Naturschwamm bereit, damit sie sein gespeichertes Wasser auf ihr Haupt entleeren konnte.

Jenny zögerte auf einmal. Irgendetwas Merkwürdiges war bei der letzten Benutzung des Schwamms geschehen, an das sie sich nicht richtig erinnern konnte. Noch ein Schlückchen? Ja, natürlich, das war gut fürs Gedächtnis!

Kaum war die köstliche Flüssigkeit getrunken, drückte sie entschlossen den Schwamm über ihrem dichten schwarzen Kräuselhaar aus. Es war normalerweise zu einem Zopf geflochten, aber heute hatte sie diesen gelöst und versucht, die vielen Locken mit einem grobzinkigen Kamm zu entwirren. Das heiße Wasser benebelte ihre Sinne. Die Konturen der Badewanne lösten sich auf, das Tischchen verschwand auf rätselhafte Weise in den

Hintergrund, und aus der klassischen Musik wurde eine Geräuschkulisse wie in einem Urwald.

„Oh, nein, nicht schon wieder!" murmelte Jenny noch. Sie kniff beide Augen fest zusammen, rief fast stimmlos „Aufhören!" und fiel. Fiel, flog bald davon, griff nach den niedrigen Wolken, die sich seltsam ölig anfühlten. Dann raste sie wieder einmal durch die Jahrmillionen.

Vielleicht war sie für kurze Zeit ohnmächtig gewesen. Als sie wieder zu sich kam, lag sie zwischen riesigen Bäumen auf einer Wiese und sah vor sich ein Meer. Es roch nach Orangen; allerdings waren nirgendwo welche zu sehen. Über ihr kniete ein affenähnliches Wesen mit einem fast menschlichen Gesicht und hielt einen Schwamm in seiner pfotenähnlichen Hand. Es bleckte seine Zähne – vielleicht der Versuch einer freundlichen Kontaktaufnahme? – und begann damit, Jenny von oben bis unten zu reinigen. Leider handelte es sich bei dem Schwamm um ein steinernes Exemplar, das sich schnell als schmerzhaftes Folterinstrument erwies. Jennys Haut rötete sich und begann sogar, an einigen Stellen zu bluten. Sie stieß das kleinwüchsige, stämmige Wesen fort und ergriff die Flucht.

Plötzlich erinnerte sie sich wieder an diese Umgebung. Vorsicht, hinter den Mammutbäumen hauste eine Herde Dinosaurier, und auch aus deren Wipfeln flogen gelegentlich – wie hießen sie noch? – richtig, Tyrannosaurus Rex-Exemplare! Sie rannte auf das Meeresufer zu. Beim letzten Mal hatte sie nämlich festgestellt, dass diese Urmenschen nicht nur animalisch stanken, sondern auch wasserscheu waren. Der fellbewachsene Kerl war ihr nah auf den Fersen, als sie sich an ihre frühere Karriere als Weitspringerin erinnerte und mit einem riesigen Satz ins

Wasser rettete. Geschafft!

Das zottelige Wesen begann zu heulen, trat vorsichtig mit einem Bein ins Wasser und zog es blitzschnell wieder zurück. Also doch wasserscheu! Jenny atmete auf und schritt vorsichtshalber noch etwas tiefer ins Wasser.

Da spürte sie unter ihrem Fuß etwas weiches, das sich bewegte. Es fühlte sich an wie eine Schnecke. Das Wasser war hier so klar, dass Jenny bis auf den Grund sehen konnte. Das allerdings erwies sich nicht als Vorteil: Unter ihren Füßen krochen tausende von schnecken-ähnlichen Tieren!

„Um Himmels willen, es sind alles Brachiopoden!“ rief sie entsetzt. Im Museum hatte sie mit versteinerten Exponaten Bekanntschaft gemacht, eine wesentlich sympathischere Begegnung als jetzt …

Jenny eilte zu einer Sandbank. Dort sah es, wie sie mit Erleichterung feststellte, ähnlich aus wie in der Nordsee. Während das Fellwesen noch klagende Töne zu ihr schickte, betrat sie den aus dem Wasser ragenden kleinen Hügel. Schön weich, warm und so wohltuend ungefährlich! „Ganz nett hier“, sagte sie zu sich selbst. „Fehlt eigentlich nur ein Liegestuhl. Und ein Buch. Na, Sonnencreme schadet wahrscheinlich auch nicht!“

In diesem Moment glitt eine große Fläche Sand langsam zur Seite, Jenny rutschte auf etwas Schuppenähnlichem aus und fiel der Länge nach auf ein riesiges, fischähnliches Tier. Mist, nun war sie schon wieder an einen Quastenflosser geraten! Da half ihr nur noch eine seitliche Rollbewegung zurück ins Meer. Beglückt entdeckte sie eine Reihe unterschiedlich großer Schneckenhäuser, perfekt gerundet, die eine Art Weg zum Ufer bildeten. Sie lagen, scheinbar leer, aufeinander gestapelt und machten einen ziemlich stabilen Eindruck. Jenny stapfte los.

Doch dann erwies es sich doch, dass alle bewohnt waren. Jenny rutschte aus, fiel merkwürdigerweise nach oben und ahnte, dass sie wieder einmal zurück flog durch die Jahrmillionen. Als sie wieder zu sich kam, lag sie tatsächlich in ihrer Badewanne. Aber etwas war anders – das heiße Wasser war verschwunden!

Vor ihr stand ihr Mann und lächelte sie mit diesem gnädig herablassenden Gesichtsausdruck an, den er für kleine Kinder angemessen hielt.

„Schatz, woher hast du denn so viele Ammoniten? Und wieso benutzt du diesen fiesen Steinschwamm? Oh, und da hast du die Flosse eines Quastenflossers als Abdruck auf der linken Wange. Warst du wieder mal heimlich bei deinem Geologen-Liebhaber?“

Frauengespräch über den Sinn des Lebens

Ort: eine kleine Zweieinhalb-Zimmer-Wohnung
in einem Mehrfamilienhaus

Zeit: irgendwann nach 22 Uhr

Das Wohnzimmer ist noch beleuchtet. Eine sichtlich müde Mutter versucht, noch ein bisschen in ihrem Krimi zu lesen, schreckt aber immer wieder auf, weil sie im Sessel einzuschlafen droht. Aus dem Schlafzimmer dringen Schnarchgeräusche. Der Vater hat am nächsten Morgen Frühdienst und schläft bereits seit einer Stunde, als sich tapsende Schritte nähern. Ein etwas zwölfjähriges Mädchen stößt die Wohnzimmertür auf, schlurft zum anderen Sessel und lümmelt sich gähnend hinein.

„Mama, ich kann nicht schlafen!“

„Hast du mich erschreckt! Warum kannst du denn nicht einschlafen?“

„Naja … heute haben wir in der Geographiestunde über die Überbevölkerung in Indien gesprochen. Obwohl die Menschen dort sehr arm sind, vermehren sie sich wie verrückt! Warum wollen sie denn immer noch mehr Kinder?“

„Weil sie glauben, dass die Kinder für ihre Eltern arbeiten und sie ernähren können. Je mehr, desto besser!“

„Aber dann müssen sich immer mehr den Reis teilen, von dem sie sowieso zu wenig haben! Oder glauben die Inder, dass es bei ihrer nächsten Wiedergeburt – wie hieß das noch, Inka-Nation? – mehr zu essen gibt? Und was passiert, wenn sie dummerweise als Kamele zur Welt kommen?“

„Kind, es heißt: Inkarnation!“

„Carne bedeutet auf spanisch „Fleisch“. Glauben die also, dass es im nächsten Leben mehr Fleisch gibt, obwohl sie doch heilige Kühe haben, die nicht als Kalbsschnitzel enden dürfen?“

„Das weiß ich nicht. Du stellst vielleicht Fragen! Aber ich weiß ganz genau, warum wir dich bekommen haben: wir haben uns ganz doll ein Kind gewünscht, und es hat geklappt!“

„Papa hat aber mal gesagt, ich wäre ein Pillen-Unfall! Und nur mit Wünschen allein bekommt man keine Kinder. Ihr werdet schon zur Sache gekommen sein … Warum hast du eine Tochter gewollt?“

„Weil ich ein Mädchen erziehen wollte, das nicht dieselben Fehler macht wie ich."

„Na, super, dann sollte ich wohl keinesfalls Kinder bekommen, Mama! Welche Fehler hast du denn noch gemacht? Warst du auch so schlecht in Physik?"

„Das hatten wir noch nicht. Nein, ich habe mir gewünscht, dass du ein sinnvolles Leben führst, ein erfülltes und spannendes. Nicht als Nur-Hausfrau am Leben vorbei, die jeden Tag dasselbe leistet, aber kaum bei den Anderen Anerkennung findet. Ich hoffe, dass du vielleicht studierst, einen interessanten Beruf ergreifst und viele gebildete Freunde hast."

„Wozu soll denn das alles gut sein? Das klingt doch nur anstrengend und uncool. Papa sagt, von den Klugscheißern, die studiert haben, haben wir sowieso schon viel zu viele in der Politik. Und die kriegen die globale Erwärmung auch nicht in den Griff. Macht doch alles keinen Sinn, Mama! Oder?"

„Vielleicht kannst du mithelfen, dass es der Erde wieder besser geht. Vielleicht erfindest du sogar etwas ganz Tolles!"

„Das glaube ich nicht, und wenn doch, dann müssen es ja auch alle gut finden und benutzen. Bisher hast du noch nicht mal den Schal benutzt, den ich dir zu Weihnachten gestrickt habe. Nee, Mama, mir kannst du nix vormachen – du weißt auch nicht, wozu die Menschen auf der Erde sind!"

„Na, in der Bibel steht jedenfalls: seid fruchtbar und mehret euch."

„Oh Mann, Mama! Du liest doch keine Bibel, sondern lieber die Fernsehzeitschrift. Ja, und du und Papa, ihr wolltet doch keine Kirchensteuern mehr zahlen und seid deshalb aus der Kirche ausgetreten. Warum habt ihr euch trotzdem vermehrt? Wozu bin ich überhaupt hier?"

„Himmel, Gesäß und Nähgarn! Ich bin hundemüde, verdammt noch mal! Damit mich ausgerechnet meine Tochter mitten in der Nacht nicht schlafen lässt, weil sie mir Löcher in den Bauch fragt. Los, marsch ins Bett!"

„Aber wenn ihr besser verhütet hättet, bräuchtest du dich jetzt gar nicht aufzuregen. Papa, Papa, wach auf – Mama braucht dich zum Runterkommen!"

Aus dem Schlafzimmer ist ein Knurren zu hören, dann reißt ein völlig verpennter Mann die Wohnzimmertür auf und brüllt:

„Ruhe, ihr Weiber! Wozu schufte ich schon frühmorgens? Wozu gibt es einen nächsten Tag, wenn man nicht mal schlafen darf? Warum tue ich mir das alles eigentlich an?"

„Siehste, Mama, der Papa weiß auch nicht, wozu das alles gut ist!"

Gut eingefädelt und versäumt

Dort unten neben der Rolltreppe stand er, lässig eine Hand in die Hosentasche gesteckt, die Beine zwei Fußlängen voneinander entfernt wie ein Turner, der auf die Vorführung seiner Kürübungen im Wettkampf wartet. Die abwärts fahrenden Männer ignorierte er, die Frauen erfuhren unterschiedliche Behandlung. Zunächst lächelte er sie etwas schüchtern an, und wenn ihm eine gefiel, legte er den Kopf leicht schräg und zwinkerte ihr zu. Die für ihn Ungeeigneten ließ er links liegen.

Sie stufte ihn sofort als Frauenversteher ein. Diese Masche also, dachte Jutta und kniff beim Entgegenfahren ihre grünen Augen zusammen, wobei sie etwas ihre Nase rümpfte und den linken Mundwinkel nach unten zog. Die Botschaft war deutlich. Leider übersah sie das Ende der Rolltreppe und stolperte das letzte Stück.

Auf solche Hilflosigkeiten hatte sich Chris nun „zufällig" spezialisiert. So sportlich wie möglich hechtete er auf sie zu, um sie aufzufangen. Dabei schoss ihm allerdings ein wohlbekannter Schmerz ins linke Gesäß und erinnerte ihn daran, dass sein Ischiasnerv eher vom Rotweingenuss im weichen Sessel geprägt war, als von einem harten Training im Fitness-Studio.

„Gute Frau, haben Sie sich verletzt?" fragte er mit einstudiertem Timbre und führte sie vorsichtig zu einem Stuhl in der nahe gelegenen Umkleidekabine.

„Nein, danke! Und ich bin nicht so gebrechlich, dass Sie mich stützen müssen", antwortete Jutta.

Der kritisierte Helfer konstatierte, dass er seine Taktik auf die Frauen-Kategorie „Emanze" umstellen musste, oder vielleicht auch „Intellektuelle"?

„Na, vielleicht können Sie mir dann behilflich sein? Ich schreibe zur Zeit eine Reportage über die moderne unabhängige Frau und wäre ihnen dankbar für ein paar Tipps. Sie machen auf mich den passenden Eindruck."

Chris wühlte in seinem Lederrucksack und ließ wie zufällig die Zeitschrift „Emma" herausgucken. Die „Frau im Spiegel" hatte er, zielgruppenorientiert wie immer in solchen Fällen, schnell hinter das übrige Sortiment geschoben.

„Was, ausgerechnet Sie lesen die Emma? Gerade heute habe ich mit meiner Freundin gewettet, dass Männer sie nur heimlich lesen und es Jahre dauern würde, bis ich so jemanden treffe!" rief Jutta aufgeregt. „Darf ich Sie zu einer Tasse Tee bei mir einladen? Ich wohne gleich hier um die Ecke und habe meine Freundin Katrin zu Besuch. Da kann ich ihr gleich ein solch seltenes Exemplar Mann vorstellen."

Chris dachte: Na, das geht ja schneller als geplant! Zwar nicht ganz meine Methode, aber … frisch gewagt … und dann gleich zwei Opfer!

„Ach, bin ich denn interessant genug als Gesprächspartner? Ich weiß nicht …"

Gewollt linkisch ging Chris etwas in die Knie und kratzte sich am Kopf.

„Kommen Sie doch einfach!", forderte Jutta ihn auf und ging selbstbewusst voraus. Der verblüffte Chris folgte ihr freudig erregt in ein zweistöckiges Klinkerhaus und ließ seiner Phantasie freien Lauf.

Jutta klingelte zunächst, aber als ihr niemand öffnete, schloss sie die Tür auf und führte Chris direkt ins Schlafzimmer. Dort saß eine spärlich bekleidete Frau mit glänzenden, langen schwarzen Haaren. Ihr Gesicht war durch eine venezianische Maske verdeckt.

„Ich hab dir was mitgebracht, wie versprochen!" kicherte Jutta. „Viel Spaß, ihr zwei!" und schon fiel die Schlafzimmertür ins Schloss. Chris schluckte. Sonst war er eigentlich derjenige, der die Regie führte. Beim letzten Mal hatte er sein blond gelocktes Opfer gefesselt und gequält, bis ihn die Frau um Gnade angefleht und ihm, damit er sie in die Freiheit entließ, zweihundert Euro gegeben hatte. Die Nummer funktionierte, mit leichten Varianten, eigentlich immer und hatte ihm, dem ständig geldknappen Gelegenheitsjobber seit einem verkorksten Studium, gut über die Runden geholfen.

„Nun gut, du Schöne! Wo ist die Peitsche?“ fragte er. „Oder soll ich dich erst einmal demaskieren?“

„Komm ruhig näher!“ flötete die Schwarzhaarige. Vorsichtig, gar nicht mehr im Turnerschritt, trat Chris zu ihr ans Bett. Dann ging alles ganz schnell. Der Teppich unter seinen Füßen wurde blitzartig fortgezogen, und er knallte mit dem Hinterkopf auf den Parkettboden.

„Au, du gehst aber ran!“ schrie er aufgeregt. Neugierig und ängstlich zugleich wartete er auf die nächsten Spielchen und rieb sich die Beule. Katrin rannte auf ihn zu und warf eine schwarze Decke mit goldener Stickerei auf ihn.

„Verstecken spielen!“ quietschte sie vergnügt. „Jutta, komm doch mal rein! Heute gibt es Roulade!“

Jutta betrat das Zimmer. Jetzt trug sie einen roten Hosenanzug und schwarze Stiefel. Chris musterte sie erregt, konnte sich aber noch nicht so recht auf eine erotische Szene einstellen, weil ihn etwas beunruhigte. Gleich danach ahnte er auch, warum . Jutta trug auf einem silbernen Tablett eine Rolle Paketkordel und ein sehr teuer aussehendes japanisches Sushimesser vor sich her.

„Na, du findest doch sicher ein bisschen Spannung anregend, oder habe ich dich falsch eingeschätzt?“, sagte sie mit heiserer Stimme. Vorsichtig nahm sie das spitze Messer in die rechte Hand und fingerte an dem schützenden Lederetui. Chris spürte zunächst, dass seine Hose sich spannte und blickte wie hypnotisiert in Juttas grüne Augen.

„Ich habe es geahnt, Sie sind noch emanzipierter, als ich dachte, und verdienen sich ein kleines Zubrot mit pikanten Dienstleistungen! Wollen wir nicht doch erst das Interview durchführen?“ fragte er mit einer weniger draufgängerischen Stimme als geplant. Jutta begann erst zu lachen, dann aber kniff sie wie schon einmal zuvor ihre Augen zusammen und zog den linken Mundwinkel herunter.

„Fang, Katrin!“ forderte sie ihre Freundin auf und warf ihr das eine Ende der Paketkordel zu. Beide Frauen näherten sich wie zwei Ringerinnen mit schnellen, tänzelnden Schritten von links und rechts, Katja versetzte Chris einen gekonnten Stoß, riss ihn zu Boden und schon wurde er in die Decke eingerollt. Blitzschnell fesselten ihn die beiden Freundinnen von oben bis unten. Nur der Kopf sah noch heraus.

„Haben wir nicht versäumt, dir eine wichtige Frage zu stellen?“ Katja riss sich die Maske vom Gesicht, dann zog sie an der schwarzen Perückenpracht und schüttelte ihren blonden Lockenkopf. „Du schuldest mir noch zweihundert Euro vom unserer letzten Begegnung, plus Zinsen und Schmerzensgeld! Sagen wir mal großzügig, mit 500 Euro bist du wieder frei!“

Dem professionellen Frauenversteher schwante etwas Fürchterliches. Noch nie hatte sich ein Opfer für seine Quälereien rächen können. Stets war er sehr geschickt vorgegangen. Er bettelte und jammert auf vielerlei Art, dass es sich doch nur um einen Irrtum handle. Und ob man nicht doch jetzt das Interview … Aber das war vergeblich. Katja sah ihn so an wie damals seine Deutschlehrerin, wenn er schon wieder grammatikalisch unkorrekt geantwortet hatte. Nachdem sie das Sushimesser noch einmal langsam und nachdenklich aus seiner Lederhülle gezogen und ebenso spielerisch wie vorsichtig erst sein Hemd aus der Hose gezogen und ihm dann auf den Bauchnabel getippt hatte, gab er auf.

„Das hast du gut eingefädelt, Jutta!" lobte Katrin. „Komm, lassen wir die Roulade erst mal liegen und trinken einen Sekt!"

Wolfgang Zimmermann

geboren 1951 in Ost-Berlin. 1957 Flucht nach West-Berlin mit der Familie, aufgewachsen in Darmstadt. Studium der Germanistik und Politik im Frankfurt. Lehrer am Gymnasium, Buchhändler, freier Journalist für den Hessischen Rundfunk, Leiter der Romanfabrik von 1987-92. Dann wieder Lehrer in der Erwachsenenbildung Deutsch als Fremdsprache. Lehrer an einer Frankfurter Gesamtschule. 2009 krankheitsbedingt früher aufgehört.

In meinen ersten Jahren, so erzählte man mir später, sei ich ein eher stilles, aber auch fröhliches Kind gewesen. Später ab dem sechsten Lebensjahr sind wir sehr viel umgezogen. Ich musste immer wieder neue Freunde finden, was mir auch erstaunlich gut gelang. Geblieben davon ist ein diffuses Gefühl der Heimatlosigkeit. Nach dem Ende der Berufstätigkeit habe ich wieder Zeit zum Schreiben, und zwar ohne den übertriebenen Druck, etwas Großartiges leisten zu müssen, wie ihn am besten der Text „Der Bundeskanzler“ beschreibt.

Das Morgenrot

Wenn man tot ist,
ist man tot,
und man lebt nicht weiter.

Rosa ist das Morgenrot
und erstaunlich heiter.

Die Schafe

Ich wollt, ich wär
ein Schaf, mein Schatz,
und läg im Gras mit dir.
Die Sonne schien uns
auf den Bauch.
Wir kauten Gras und bunte Blumen
wie andere Schafe auch.

Nur ab und zu
so zwischendrin
da schauten wir uns an.
So richtig tief
und intensiv.
Wir küssten uns
und seufzten tief
und hörten auf zu fressen,
um alles zu vergessen.

Der arme Teufel

In dieser Nacht hatte der Teufel nichts zu tun. Einfach gar nichts. Und so langweilte er sich fürchterlich. Er saß herum in dem riesigen Wohnzimmer, das den Eingang zur Hölle bildete, und die Zeit verrann ereignislos.

Normalerweise hätte in so einer Nacht alle zwei bis drei Minuten ein Mensch auftauchen müssen, den der liebe Gott zur Abschreckung in die Hölle geschickt hätte, aber, wie gesagt, es war wie verhext. In dieser Nacht passierte nichts.

Was ist bloß los mit den Menschen, dachte der Teufel, sie können doch nicht alle über Nacht sanftmütig und friedlich geworden sein? Aber im Grunde wusste er die Antwort auf seine Frage nur zu genau. Die Menschen glaubten nicht mehr an den Teufel, also an ihn, genauso wenig wie sie noch an den lieben Gott glaubten. Und wenn die Menschen an etwas nicht mehr glaubten, dann hatte es auch keinen Sinn mehr, ihnen damit Angst zu machen. Ich denke, dass ist es, dachte der Teufel, die Menschen glauben an gar nichts mehr. Nicht mehr an mich und nicht mehr an den lieben Gott. Aber sie sind deswegen nicht besser geworden als früher. Im Gegenteil. Sie begehen noch mehr Verbrechen als früher. Sie betrügen sich und ihre Mitmenschen, nur haben sie kein schlechtes Gewissen mehr deswegen. Im Grunde ist das sogar schlimmer als früher. Denn früher hatten viele Menschen noch ein Gewissen. Sie machten zwar fürchterliche Sachen, aber hinterher tat es ihnen leid. Und dann gingen sie in die Kirche und versuchten ihre Sünden zu beichten. Der Pfarrer gab ihnen ein paar Gebete als Sühne, und schon ging es ihnen wieder besser.

„Im Grunde bin ich arbeitslos geworden“, murmelte der Teufel vor sich hin. „Arbeitslos und nutzlos. Nur wohin soll der Teufel gehen, wenn es keine Arbeit mehr für ihn gibt? Verdammt noch mal, ich werde noch trübsinnig, wenn es nichts mehr zu tun gibt für mich. Vielleicht ich sollte ich ja mal? Aber nein, das geht nicht, da mache ich mich ja vollends lächerlich. Ach, was soll‘s. Ich rufe einfach mal den Chef an und frage ihn, was er von der Sache hält.“

Gesagt, getan, der Teufel nahm sein rotes Telefon und rief Gott an. Nach drei bis vier Summtönen meldete sich die tiefe Stimme des Chefs.

„Na, von dir habe ich ja schon lange nichts mehr gehört. Was willst du denn von mir?“

„Das ist es ja gerade“, sagte der Teufel, “Es gibt keine Menschen mehr, die zu mir kommen. Du schickst mir keine mehr, so wie früher.“

„Ich weiß“, sagte Gott, „aber es würde ja auch nichts mehr nützen. Die Menschen glauben nicht mehr an dich. Aber sie glauben auch nicht mehr an mich. Auch bei mir gibt es immer weniger zu tun.“

„Und was sollen wir da machen“, fragte der Teufel verzweifelt.

„Machen, machen, was sollen wir da machen?“, entgegnete Gott leicht genervt. „Gar nichts werden wir machen, mein Lieber. Ich werde mich demnächst aufs Altenteil zurückziehen, und dann wird der Himmel geschlossen und die Hölle sowieso.“

„Und dann?“, fragte der Teufel ratlos.

„Dann wird nur noch einer regieren, sozusagen als mein Stellvertreter.“

„Dein Stellvertreter?“, fragte der Teufel. „Wer soll das sein?“ „Ganz einfach, mein Lieber: der Tod. Der Tod wird dann als einziger regieren. Denn sterben müssen die Menschen allemal.“

Der Bundeskanzler

Nicht dass Sie jetzt denken, mein Vater sei der Bundeskanzler der Bundesrepublik Deutschland. Mein Vater war zu seinen Lebzeiten ein Postbeamter im gehobenen Dienst. Hat sich hochgearbeitet vom Inspektor zum Oberamtsrat. Ein beachtlicher Aufstieg.

Aber ich kenne einen Mann, der ist wirklich der Sohn des ehemaligen Bundeskanzlers Helmut Kohl. Er heißt Walter Kohl und sieht seinem Vater sehr ähnlich. Er wohnt im Nachbarhaus und ist mit einer Koreanerin verheiratet.

Ich selbst werde meinem Vater auch immer ähnlicher, je älter ich werde. Mein Großvater war Arbeiter in Berlin. Mein Vater Postbeamter. Ein kleiner, hart erkämpfter Aufstieg, wie gesagt. Hinzu kommt noch, dass wir Flüchtlinge waren. 1957 zog oder besser gesagt flüchtete unsere Familie von Ost- nach West-Berlin. Ich weiß nur noch, dass ich meinen Roller und meinen Teddybär mitnehmen durfte auf diese Reise. Wir gingen zu Fuß und waren plötzlich in einem anderen Teil der Stadt und in einem anderen Land, was ich aber erst sehr viel später verstehen sollte. Wir kamen in ein Haus mit vielen Zimmern, und in jedem dieser Zimmer lebte eine ganze Familie. Also Vater, Mutter und manchmal bis zu vier Kinder. Alles war sehr eng und laut, und überall waren viele Kinder. Mir machte das mit 6 oder 7 Jahren nicht viel aus. Im Gegenteil – die vielen Kinder zum Spielen, das war toll. Den Eltern ging es nicht so gut in diesem Flüchtlingslager. Mein Vater war oft sehr seltsam abends. Laut und böse. Er hatte dann mal wieder getrunken, und wir mussten leise sein am nächsten Morgen.

Im Winter 1957 wurde ich krank. Ich bekam Husten, hohes Fieber und Schüttelfrost. Mit mir wurden viele Menschen krank in diesem Winter. Eine asiatische Grippe breitete sich in ganz Berlin aus, und am schlimmsten wütete sie in den Flüchtlingslagern, in denen die Menschen auf engstem Raum zusammen lebten. Hunderte von Menschen sind in diesem Winter an der Grippe gestorben. Jeden Tag verschwanden Menschen aus unserem Lager. Auch Kinder. Ein Junge, mit dem ich noch vor ein paar Tagen gespielt hatte , war plötzlich nicht mehr da. Ich fragte, wo er hin sei, und es hieß, er sei verreist. Ich gab mich mit dieser Antwort zufrieden. Es gab ja noch genügend andere Spielkameraden im Lager. Nach zwei bis drei Monaten war die Grippewelle vorbei, und wir zogen in ein anderes Flüchtlingslager. Und von da aus wieder in ein anderes. Die Lager sahen alle gleich aus. Baracken ebenerdig, lange, dunkle Gänge mit knarrenden Holzfußböden, rechts und links Zimmer voller Menschen.

Die Menschen außerhalb der Flüchtlingslager waren nicht sehr freundlich zu uns. Wir waren die Flüchtlinge, die „Scheißflüchtlinge“, wie ich es oft zu hören bekam. Aufgehört hat das erst ein paar Jahre später, als wir in West-Deutschland wohnten und als Flüchtlinge nicht mehr zu erkennen waren.

1959 zogen wir nach Eberbach am Neckar zu Verwandten meiner Mutter und 1960 schließlich nach Darmstadt, wo mein Vater eine Beamtenstelle bei der Post bekommen hatte. Ich sagte es bereits.

1961 wechselte ich aufs Gymnasium. Das erste Jahr dort war sehr schwierig für mich. Ich hatte Mühe mitzukommen. Das lag im Wesentlichen am niedrigen Lernniveau der Grundschule, auf die ich gegangen war. Ich brauchte fast ein ganzes Jahr, um in den Kernfächern wenigstens auf eine durchschnittliche Note zu kommen. Von Anfang an gab es diesen großen Druck meines Vaters, was die Schulnoten betraf. Seine klare Ansage war, es würde keine Hilfestellung geben für mich. Keine Nachhilfe, gar keine Unterstützung, und beim ersten Sitzenbleiben würde ich die Schule verlassen und einen Beruf lernen müssen. Und dazu die immer wieder kehrenden Gespräche über „meine Zukunft".

„Was willst du denn einmal werden?"

Mit dieser Frage begann mein Vater immer das abendliche Gesprächsritual, das ich anfangs noch ganz lustig fand, das sich aber bald zu einer hochpeinlichen Veranstaltung entwickelte.

Was soll ein 11- oder 12jähriger auf so eine Frage antworten? Wenn ich ehrlich gewesen wäre, hätte ich wahrscheinlich gesagt „Old Shatterhand" oder „Huckle Berry Finn". Am besten eine Mischung aus beiden. Aber ich wusste schon damals, eine ehrliche Antwort wollte mein Vater nicht hören. Im Grunde wollte er gar keine Antwort von mir hören, aber das habe ich erst viel später begriffen.

Mein Vater trank immer sehr viel Alkohol bei diesen abendlichen Gesprächen, und je mehr er trank, desto abenteuerlicher wurden seine Zukunftsvisionen. Die Schule, meinte mein Vater, vor allem sollte ich die Schule gut machen. Gute Noten also. Ich hatte nach meinen Anfangsschwierigkeiten in der Mittelstufe in fast allen Fächern eine 2 oder eine 3, aber das reichte natürlich bei weitem nicht aus. Okay, sagte ich, dann würde ich eben versuchen , noch ein bisschen besser zu werden. Aber auch das reichte nicht. Ein gutes Abitur sollte ich machen. Mit 12, 13 oder 14 ist das Abitur so weit weg wie der 30jährige Krieg oder der letzte Kaiser. Und dann der Satz, der mich noch heute zusammenzucken lässt:

„Ein gutes Abitur ist das mindeste, was ich von dir erwarte."

Verstanden habe ich diesen Satz damals nicht so ganz, aber er muss sich wohl sehr tief eingeprägt haben bei mir. Einmal habe ich diesen Satz, als ich selbst Vater war, meinem eigenen Sohn gegenüber benutzt. Blitzartig ist mir dabei die alte Situation im Wohnzimmer meines Elternhauses eingefallen. Ich habe diesen Satz nie wieder benutzt.

Jahre später, mein Vater trank immer mehr bei diesen Gesprächen und es blieb nicht beim guten Abitur, das ich machen sollte. Seine Phantasien meine Zukunft betreffend – Oder war es nicht doch seine Zukunft, die er verpasst hatte? – seine Phantasien gingen immer weiter. Ich sollte Naturwissenschaftler werden oder Diplomat oder etwas in der Art.

Ehrlich gesagt, glaubte ich meinem Vater zu diesem Zeitpunkt seine Zukunftsvisionen sowieso nicht mehr .

Zu groß war der Widerspruch zwischen seinen hochfahrenden Plänen und den glasigen Trinkeraugen. Und ich wusste auch, was jetzt kommen würde. Der Höhepunkt des Abends sozusagen. Die Pläne meines Vaters wurden immer abgedrehter. Mit lallender Stimme, er konnte kaum noch verständlich reden, faselte er etwas von, ich könne Minister werden oder warum nicht gleich Bundeskanzler. Er sagte allen Ernstes Bundeskanzler. Der Höhepunkt der Peinlichkeit war erreicht. Ich wusste, die Szene würde sich gleich in Luft auflösen, so wie später die Zukunftspläne meines Vaters. Mein Vater war total betrunken. Ein Flache Cognac war geleert. Der Abgang ins Bett erfolgte entweder auf allen Vieren oder mühsam das Gleichgewicht haltend an der Wand entlang. Dutzende von Malen habe ich diese Szene erlebt, und doch hat sie jedes Mal, wenn ich mich an sie erinnere, etwas Unwirkliches , Absurdes.

Jahrzehnte später, ich lebte längst in Frankfurt, hatte das Studium beendet , erzählte ich die Geschichte einem Freund. Er arbeitete als Fernsehjournalist beim Hessischen Rundfunk und einige Monate später gab er mir zwei oder drei Bogen Papier. Es waren Originalbriefbögen aus dem Bundeskanzleramt mit der Aufschrift „Der Bundeskanzler der Bundesrepublik Deutschland". Er hatte sie bei einem Drehtermin im Bundeskanzleramt mitgehen lassen. Er meinte, ich solle meinem Vater doch einen Brief schreiben und ihm mitteilen, ich hätte es jetzt doch geschafft. Ich sei der Bundeskanzler der Bundesrepublik Deutschland geworden.

Ich muss gestehen, einen Moment habe ich ernsthaft darüber nachgedacht, ob ich das machen sollte, aber ich habe es dann doch lieber sein gelassen.

Der Koffer

Ich hatte einen kurzen Urlaub an der Nordsee gemacht. Eine Woche St.Peter-Ording, das heißt eine Woche Spaziergänge am Meer, Fahrradfahren auf dem Deich und dazu die immer tosende Nordsee, ein Meer , das fast nie zahm und glatt ist.

Auf der Rückfahrt mit der Bahn über Husum und Hamburg nach Frankfurt. Im ICE mir gegenüber saß ein älteres Ehepaar, mit dem ich mich angeregt unterhielt. Bei diesem Gespräch war es unter anderem um die Terroranschläge in deutschen Eisenbahnzügen gegangen, die nur deswegen gescheitert waren, weil die Bomben zu dilettantisch gebaut waren und nicht explodierten. Und noch während des Gesprächs fiel mein Blick auf einen Koffer etwa drei Meter entfernt, der neben einem leeren Sitzplatz stand. Mein Gegenüber hatte meinen Blick bemerkt und gleichfalls den herrenlosen Koffer entdeckt. Was jetzt folgte war eine Kommunikation ohne Worte. Wir blickten uns an, dann immer wieder auf den Koffer und versuchten dabei so harmlos wie möglich weiter zu plaudern. Mittlerweile hatte auch andere Reisende den Koffer entdeckt, und die bei allen gleichen Gedanken hingen wie eine Gewitterwolke über unseren Köpfen. Die Gespräche wurden etwas leiser. Ab und zu war ein tiefes Seufzen oder ein Stöhnen zu hören. Plötzlich sagte ein Mann viel zu laut:

„Bis Hannover sind es noch 20 Minuten."

Die Zeit verging sehr langsam in dem Zugabteil mit dem herrenlosen Koffer. Kurz vor Hannover kam ein junger Mann herein. Lässig mit Kopfhörer auf den Ohren bewegte er sich zum Takt der Musik. Er nahm den Koffer und ging Richtung Ausgang. Alle Augen waren auf ihn gerichtet. Nach ein paar Sekunden bemerkte er die Blicke, nahm den Kopfhörer ab und fragte verunsichert:

„Is was, is was passiert?“

Eine Frau, die ihm schräg gegenüber saß, fing leise an zu lachen dann immer lauter. Drei, vier andere Fahrgäste begannen ebenfalls zu lachen. Der junge Mann setzte seinen Kopfhörer wieder auf und ging kopfschüttelnd mit seinem Koffer zur Tür.

Vermissen

Vermissen
ist ein trauriger Zustand
mit Hindernissen.

Ich habe dich so gern,
doch du gingst fort von mir.
Es ist ja nicht für immer.
Ich sitz in meinem Zimmer.

Und wenn ich aus dem Fenster schau,
seh ich Bäume.
Alles gleitet vorüber wie Träume.

Vögel fliegen von Baum zu Baum.
Ich seh dein Gesicht.
Es ist wie im Traum.

Du bist nicht da,
bist fern von mir,
so unerreichbar fern.
Dort in dem fernen Land bist du.
Und ich – ich hab dich gern.

Vermissen
ist ein trauriger Zustand
mit Hindernissen.

Hanna Dunkel

wurde in Hamburg geboren. Seit vielen Jahren lebt sie mit der Familie in Kriftel.
„Von der Königin, die behaglich Tee zu trinken wünschte" und „Mordsache Ulsnis" erschienen im Leda-Verlag. 2017 erscheint im gleichen Verlag „Sommervogel".

Ich schreibe alles, möglichst nichts Langweiliges und am liebsten mit einer Prise Humor.

www.hanna-dunkel.de

Taraxacum

Vor langer Zeit, als es noch kein Fernsehen und nicht einmal Radio gab, reisten Geschichtenerzähler im Land umher und brachten die Neuigkeiten. Als der Winter vorüber war, kam auch einer im bunten Rock an einen entlegenen Königshof und erzählte von einer Zauberblume. „Sie wächst auf einem Berg in den Wolken. Wer ihre Blüten ansieht, wird augenblicklich froh, und Kranke werden wieder ganz gesund."

„Ach, so eine Blume möchte ich haben!", rief die Prinzessin aus.

„Oh, nein, niemand kann sie erlangen. Der böse Drache Taraxacum bewacht sie wie seinen Augapfel." Der Erzähler machte ein Gesicht wie ein Ungeheuer, so dass die Königin und zwei Hofdamen in Ohnmacht fielen.

Nun wollte die Prinzessin, die bis dahin alles von ihrem Vater bekommen hatte, weil sie sein einziges Kind war, die Blume erst recht haben. Und weil man ihr sagte, das sei ganz und gar unmöglich, fing sie an zu weinen. Sie weinte die ganze Nacht und den ganzen Tag und hörte gar nicht mehr auf. Der Erzähler verließ fluchtartig das Schloss.

Der König hielt die Tränen der Prinzessin nur drei Tage aus. Dann gab er bekannt: „Wer meiner Tochter als erster die Zauberblume bringt, soll die Prinzessin zur Frau bekommen und nach meinem Tod König sein!"

Da weinte die Prinzessin noch mehr, denn sie hatte nicht gedacht, dass auch ihr Vater eines Tages sterben müsste. Der König stopfte sich Watte in die Ohren und hoffte, dass es einem gelingen möge, die Blume ins Schloss zu bringen.

Viele junge Männer machten sich auf den Weg. Sie mussten über sieben Berge steigen, tiefe Schluchten queren und durch Wälder ohne Weg und Steg wandern. Am Ende wartete der Drache, und diejenigen, die nicht zerschmettert in den Schluchten lagen, im eiskalten Bergsee ertranken, von wilden Tieren zerrissen oder von Räubern ausgeraubt und erschlagen wurden, fegte der Drache mit seiner Schwanzspitze vom Berg, bevor sie ihn in dem Nebel überhaupt richtig sehen konnten. Nicht einer der Männer kam zurück und brachte der Prinzessin die Blume.

Die Prinzessin weinte noch mehr, dieses Mal um die toten jungen Männer, denn sie hatte auch nicht bedacht, dass ihr Wunsch solche Folgen haben könnte.

Als niemand mehr das Abenteuer wagen wollte, zog sich ein junger Müllerbursche die Wanderstiefel an. Mit der alten Mühle war kein Geld mehr zu verdienen. Er gedachte jetzt sein Glück zu versuchen und der Prinzessin die Zauberblume zu bringen.

Er stieg auf den ersten Berg. Oben setzte er sich auf einen Stein, ruhte aus und dachte nach. Ob die Prinzessin schön war? Ob es sich überhaupt lohnte, diese ganzen Anstrengungen auf sich zu nehmen? Nachher mochte er sie gar nicht leiden. Eine Frau konnte er überall finden, ohne sich in Gefahr zu begeben.

Er stand auf, stieg den Berg wieder hinunter und ging zum Schloss. Er wurde in das Gemach der Prinzessin geführt und erhielt die Erlaubnis, mit ihr zu reden.

„Ach, wenn ich dich jetzt so lebendig hier vor mir sehe und mir vorstelle, du könntest – du könntest …“ Die Prinzessin redete nicht weiter, Tränen erstickten ihre Stimme. Der junge Mann reichte ihr sein Taschentuch.

„Ich werde wiederkommen“, versprach er ihr.

Er machte sich erneut auf den Weg. Über den ersten Berg stieg er, dann querte er eine finstere Schlucht und kletterte auf den zweiten Berg. Von dort sah er hinunter auf einen Bergsee. Seine Farbe erinnerte ihn an die Augen der Prinzessin. Ob sie schön war, hatte er nicht feststellen können, denn ihre Augen waren rotgerändert und die Nase vom vielen Weinen geschwollen gewesen. Aber er hatte einen gewissen Eindruck von ihr und der hatte ihn bewegt, sich wieder auf den Weg zu machen.

Der Müllerbursche ging weiter. Als er auf dem dritten Berg stand, fiel ihm ein, es könnte Unrecht sein, dem Drachen die Blume wegzunehmen. Daran hatte er vorher gar nicht gedacht. Wem gehörte die Blume? Der Drache bewachte sie doch nicht ohne Grund. Er kehrte um und ging den weiten Weg zurück ins Schloss.

Viele Stunden spazierte er mit der Prinzessin im Garten auf und ab. Sie redeten und stritten. Am Ende sagte die Prinzessin: „Gut, du hast mich überzeugt. Ich werde jetzt selber zu dem Drachen gehen!“

Sie zog ihre Wanderschuhe an und packte ihren Rucksack. Der Müllerbursche wollte sie auf jeden Fall begleiten. Er sagte, das sei praktischer, denn er kenne wenigstens den halben Weg. Das sah die Prinzessin ein – insgeheim war sie doch froh, nicht alleine gehen zu müssen. So wanderten sie gemeinsam, und der Weg wurde ihnen nicht lang, denn sie hatten eine Menge zu bereden.

Als sie auf dem vierten Berg ankamen, sagte der junge Mann: „Warum willst du eigentlich die Blume haben?“

„Wie oft soll ich es dir noch sagen? Weil es eine Zauberblume ist, die alle Menschen froh und gesund macht. So etwas muss ich einfach haben.“

Der Müllerbursche schwieg eine Weile. Dann sagte er mehr zu sich selbst: „Wenn ich dein Mann wäre, wärst du so froh und gesund, dass du sie überhaupt nicht bräuchtest.“

Die Prinzessin sah ihn still an. Auf dem fünften Berg sagte sie:

„Das sagst du jetzt. Aber was ist in zwei Jahren?“ Dabei schimmerten ihre Augen wie der Bergsee.

Schweigend wanderten sie weiter, und so kamen sie auf den letzten Berg, wo der Drache sein sollte.

Die Prinzessin rief etwas ängstlich, aber laut durch den Nebel: „Taraxacum, ich möchte dich um eine Unterredung bitten!“

„Wer möchte das?“ Die Stimme des Drachen klang wie Donnergrollen.

„Ich, die Prinzessin!“

„Ach, endlich. Auf dich habe ich gewartet.“

„Ich habe inzwischen eingesehen, dass mir die Blume gar nicht gehört und dass ich sie deswegen auch nicht verlangen kann.“ Die Prinzessin schluckte, denn sie sah im Nebel auf einmal die Umrisse des Drachen und die waren riesig.

„Ich möchte die Blume nur einmal sehen, wenn du es gestattest.“

„Dann komm her zu mir!“, sagte der Drache.

Die Prinzessin ging langsam näher und noch näher, bis sie dicht neben dem Drachen stand. Er war ganz blau und neben ihm schien die Sonne zu leuchten, obwohl das gar nicht sein konnte, denn die Wolken hüllten alles ein. Das Leuchten kam von der Zauberblume. Sie hatte so gelbe Blüten, die glänzten wie der Sonnenschein. Und sie dufteten nach Vanille und Zimt und noch etwas, was sie nicht beschreiben konnte.

„Oh! So schön hatte ich sie mir nicht vorgestellt!", rief die Prinzessin aus. „Ich verstehe nun, dass du sie nicht hergeben willst, denn sie ist einzigartig."

„Ich kann ohne die Blume nicht leben", sagte der Drache. „Aber dir werde ich Samen von ihr schenken, denn ich sehe, du bist tapfer und klug."

Die Prinzessin verstaute die Samen sorgfältig in ihrem Rucksack.

„Danke", sagte sie und gab dem Drachen einen Kuss.

Dann machte sie sich mit dem Müllerburschen wieder auf den Rückweg. Unterwegs im Wald redeten und lachten sie miteinander. Sie fingen an sich mit Blättern zu bewerfen. Danach sammelten sie Pilze, wilde Äpfel und Nüsse. Im Bergsee angelten sie Fische und brieten sie über dem Lagerfeuer. Danach erzählte die Prinzessin von ihrem Leben im Schloss. Das war so langweilig, dass sie darüber einschliefen.

Am nächsten Morgen erzählte der junge Mann von seinem Leben als Müller, bis sie im Schloss ankamen.

„Und jetzt?", fragte die Prinzessin.

Der junge Mann schaute sie an. „Jetzt werde ich Gärtner und du musst mir helfen. Aber sag deinem Vater erst mal nichts."

Damit war die Prinzessin einverstanden.

Es wurde ein Gewächshaus gebaut und die vielen Samen in die Erde ausgesät. Sie hatten den ganzen Tag zu tun, denn als die Samen keimten, mussten die Pflänzchen pikiert und später in immer größere Gefäße umgepflanzt werden. Sie schleppten Wasser herbei und lockerten die Erde. Die Pflanzen gediehen prächtig.

Dem König war natürlich aufgefallen, dass die Prinzessin nicht mehr weinte. „Brauchst du die Zauberblume nicht mehr?“, fragte er, als sie ihm auf der Schlosstreppe begegnete.

Die Prinzessin lächelte ihn an. „Oh doch, aber anders als du glaubst“, sagte sie, eilte weiter und der König sah ihr verwundert nach.

Als die erste Blume blühte, brachte der junge Mann die Pflanze zum König und sagte: „Das ist die Zauberblume, Taraxacum officinale. Die Prinzessin und ich haben mindestens tausend von ihnen gezüchtet. Nun musst du mir deine Tochter zur Frau geben, denn das hast du versprochen.“

Das wollte der König sehr gerne, denn er sah, dass seine Tochter glücklich war.

Die Hochzeit wurde mit fröhlichem Prunk gefeiert. Da verwandelten sich die gelben Zauberblumen in weiße kugelrunde Pusteblumen. Ihre Samen trug der Wind davon. Und so kam es, dass die Blumen des Drachen nun überall wachsen können. Wer sie ansieht, wird augenblicklich froh und Kranke wieder ganz gesund.

Der faule Klaus

Vor vielen Jahren zog ein fröhlicher Bursche durch die Welt. Fauler Klaus nannte er sich, denn er arbeitete nur so viel, dass er genug zum Leben hatte. An Alter und Krankheiten dachte er nicht, denn er war jung und kräftig.

Auf seiner Wanderschaft kam er auch zu einem Müller, dem er beim Tragen der schweren Mehlsäcke half. Als sie nach der Arbeit beisammen saßen, erzählte der Müller, dass er auch eine faule Tochter gehabt habe.

„Line wollte nie tun, was nötig war. Wenn man sie fand, hatte sie ein Buch vor der Nase, aber die Arbeit war nicht getan.“

Da wunderte sich der Bursche sehr, dass ein Mensch, der lesen konnte, faul genannt wurde. Ihm war das Buchstabieren in der Schule schon zu beschwerlich gewesen, und das Lesen hatte er nie gelernt.

„Eines Tages schickte ich Line in den Wald, um Pilze zu sammeln“, fuhr der Müller traurig fort. „Keinen einzigen brachte sie mit. Bestimmt hatte sie nur im Moos gelegen und gelesen. Ich schrie sie an: Wenn du nicht mit einem vollen Korb zurück kommst, sollst du bleiben wo der Pfeffer wächst!“

Der Müller seufzte.

„Das waren meine Worte. Wie oft habe ich sie schon bereut. Line ging am Abend in den Wald, und ich habe sie nie mehr gesehen. Zwei Jahre ist das her.“ Dem Müller liefen die Tränen übers Gesicht.

Um ihn zu trösten, sagte Klaus, dass er sich morgen in dem Wald umsehen wolle.

„Ach, in den Paradieshügeln gibt es Moore, Heide, Felsen und Schluchten, kleine Tümpel und Seen. Das ganze Dorf hat nach Line gesucht, was willst du nach so langer Zeit finden", sagte der Müller.

„Wer weiß", entgegnete Klaus. „Pilze habe ich noch nie gesammelt, gebt mir nur einen Korb mit und ein wenig Verpflegung."

„Kannst du denn giftige Pilze von essbaren unterscheiden?"

Klaus schüttelte den Kopf.

„Auch vor Kreuzottern musst du dich hüten, ihr Gift kann einen ausgewachsenen Mann töten."

Klaus sagte, er fürchte sich nicht, und so zog er am nächsten Morgen los.

Bald hatte er die Paradieshügel erreicht. Die Heide blühte und dazwischen standen düstere Wachholderbüsche, die von Weitem menschlichen Gestalten ähnelten. Manchmal schwankte der Boden unter seinen Schritten, dann sah Klaus zwischen Binsen offene Wasserlöcher, so dass er umkehren musste.

Als es Mittag war, setzte er sich auf einen niedrigen Felsen. Hier war ein schöner Platz, die Sonne schien warm, die Bienen summten rundherum in den Heideblüten. Er packte den Korb aus und begann zu essen. Klaus dachte an Line und überlegte, wie es ihr an dem Tag, an dem sie nicht zurückgekehrt war, wohl ergangen sein mochte. Ob sie traurig oder nur wütend auf ihren Vater gewesen war? Vielleicht war ihr jemand begegnet, und sie war mit ihm fort gegangen. Wirklich in das Land, wo der Pfeffer wächst. Er wusste, wo das war. Auf seinen Reisen nach Indien hatte er den Pfeffer wachsen sehen.

Klaus schälte ein Ei. Gerade als er es essen wollte,

schlängelte sich eine Kreuzotter heran. „Gib mir das Ei, kein Schaden soll dir sein“, hörte er. Darum warf er das Ei ins Kraut. Die Schlange packte es und verschwand.

Und weil sie nicht wiederkam, legte er sich ins weiche Gras, schaute den vorüberziehenden Wolken zu und schlief ein.

Die Sonne stand schon tief am Horizont, als er wach wurde. Nun musste er sich sputen und noch ein paar Pilze finden. Doch gerade als er einen hübschen roten mit weißen Punkten gefunden hatte, stand vor ihm ein alter Mann. Der hatte einen langen Stock in der Faust, sein altertümliches Gewand sah manchmal wie ein Wacholderbusch, dann wie das Heidekraut aus, und so war er nur undeutlich zu sehen.

„Was machst du in meinem Revier?“, fragte er mit böser Stimme.

Bevor Klaus antworten konnte, stieß der Unheimliche ihn mit dem Stock an und sagte: „Du kommst mit!“

Klaus wollte nicht, aber es half kein Sträuben, seine Füße mussten hinter dem Alten hergehen. Nach kurzer Zeit kamen sie an eine Schlucht, kein Pfad führte hinunter oder weiter.

Jetzt wird er mir einen Stoß geben, und dann ist es aus mit dem schönen Leben, dachte Klaus. Doch der Alte packte ihn und sprang mit ihm hinunter. Sein Gewand blähte sich so, dass beide sanft am Boden der Schlucht ankamen.

„Nenn mich Meister, denn ein Meister bin ich“, sprach der Alte streng und ging voraus, geradewegs auf die Felswand zu. Erst als sie davor standen, erkannte Klaus darin eine Tür und mehrere Fenster, mit Simsen und Erkern, sehr fein aus dem Fels gehauen. Er staunte, als sich hinter der Tür eine Halle auftat. Die Wände und der Fußboden waren mit farbenfrohen Teppichen bedeckt, in einem Kamin brannte ein mächtiges Feuer und zahlreiche Kerzen in goldenen Leuchtern erhellten den Raum, und auf den Tischen standen Gefäße mit Blumen, die wunderbar dufteten. Klaus war noch nie in einem Schloss gewesen, aber so hatte er es sich immer vorgestellt, wenn die Mutter ihm aus einem Buch vorgelesen hatte.

„Da staunst du, was? Das ist prächtig, nicht wahr? Und du wirst mir eine neue Kammer hauen, denn ich werde bald heiraten", sagte der Meister und klatschte in die Hände.

Eine Zwergin kam mit einer großen Suppenschüssel herein.

„Sie ist hässlich und stumm, aber eine ausgezeichnete Köchin", erklärte ihm der Meister. Die beiden setzten sich an den Tisch und fingen an zu essen. „Steinpilze sind jetzt in Mengen da. Du wirst sie für mich sammeln, entwischen kannst du mir nicht, denn ich bin der Meister." Er lachte glucksend in sich hinein.

Die Zwergin räumte die Suppenteller fort und brachte einen wohlschmeckenden Kürbisauflauf. Als sie danach kleine Apfelküchlein servierte, bemerkte Klaus in ihrem runzeligen Gesicht wache Augen, die so blau waren wie der Himmel.

Nach dem Essen führte der Meister Klaus in eine fensterlose Kammer und verschloss sie von außen.

Von nun an musste Klaus bei Sonnenaufgang in den Wald gehen und bis zum Mittag Pilze sammeln. Dreimal hatte er versucht, wegzulaufen, aber er hatte nicht aus dem Wald herausgefunden und am Ende stand immer der Meister vor ihm und lachte höhnisch. Nach dem Essen, das immer gut und reichlich war, musste er bis zum Abend Gestein aus der Wand hauen. Er füllte Schubkarre um Schubkarre und brachte sie schwitzend und ächzend hinaus. Nie würde er mit dieser Arbeit fertig werden, fürchtete er. Doch Tag für Tag wurde die Kammer etwas größer. Auch mit den Pilzen kannte er sich nun aus, denn die Köchin lehrte ihn essbare Pilze von ungenießbaren zu unterscheiden.

Eines Morgens, als er schon einen halben Korb Pilze gesammelt hatte, sah er einen Hexenring mit weißen Pilzen. In dessen Mitte lag die Schlange. „Lass mich zuunterst in deinen Korb kriechen und trage ihn in die Küche“, verlangte sie.

„Du wirst gewiss die Köchin erschrecken“, fürchtete Klaus.

„Line hat mir das Leben gerettet“, entgegnete die Schlange. „Sie sollte mich kochen, denn der Meister wollte mein Fleisch essen, um unverwundbar gegen Schlangenbisse zu werden. Aber Line ist schlau, und er aß Kaninchen statt Schlange.“

„Dann komm“, sagte er und stellte ihr den Korb so hin, dass sie hineingleiten konnte. Klaus füllte ihn bis zum Rand mit den weißen Pilzen, so dass von der Schlange nichts mehr zu sehen war. „Line, die Köchin, ist das die verschwundene Tochter des Müllers?“, fragte er leise.

„Du bist gar nicht dumm“, kam die Antwort aus dem Korb.

Er machte sich mit seiner Last auf den Rückweg, und der Meister erwartete ihn wie immer am Rande der Schlucht.

Klaus brachte den Korb in die Küche, ließ ihn aber auf dem Fußboden stehen. Die Köchin nickte und fuhr fort, die Zwiebeln zu schneiden.

Unruhig machte er sich daran, die Gesteinsbrocken herauszuschlagen. Jeden Augenblick fürchtete er, dass der Meister die Schlange entdecken würde. Doch als es dunkel wurde und er den Staub aus Haaren und Kleidung geschüttelt hatte und mit sauberem Gesicht und Händen in die Halle kam, war diese festlich erhellt, und der Meister saß an der blumengeschmückten Tafel. Neben ihm hatte die Zwergin Platz genommen.

„Setz dich zu uns“, rief er dem Burschen zu, „heute ist ein Festtag, heute hat Line mir gesagt, dass sie mich heiraten will.“

Klaus blieb vor Staunen der Mund offen stehen. Doch noch mehr erstaunte er, als der Meister die Zwergin auf die Stirn küsste und Line sich wieder in das schöne Mädchen zurück verwandelte, das sie einmal gewesen war.

Sie reckte ihre Arme, stand auf und rief: „Auch wenn ich kein Festgewand trage, so wollen wir doch feiern, tanzen und vergnügt sein, denn danach steht mir der Sinn.“

„Oho, an festlicher Kleidung soll es nicht fehlen!“ Der Meister eilte fort und kehrte mit einem Arm voll prächtiger Gewänder zurück.

„So wähle ich die Farbe des Himmels, denn das liebliche Blau habe ich lange vermisst. Seht nur zu“, wandte sie sich an den Meister, „dass Ihr Euch ebenso passend kleidet.“

„Mit Freuden!“, rief er und lief.
Doch in seiner Kammer hinter einer Truhe wartete die Schlange, und als er sein Zaubergewand abgelegt hatte, biss sie ihn ins Bein. Da musste er jämmerlich sterben.

Befreit nahm Line den jungen Burschen bei der Hand. Die Schlange wusste einen Weg aus der Schlucht. So wanderten sie fröhlich durch die Nacht, der Mühle und Lines Vater entgegen.
Die Geschichte nahm ein gutes Ende. Klaus blieb bei Line und wenn sie nicht hungern wollten, mussten sie manchmal fleißig sein. Doch so oft es ging lagen sie im Gras, hörten dem Wind zu und ließen die Wolken vorüberziehen.

Der König und die Spatzen

„Die brüllen wie die Stiere!“, rief der König und stützte sich mit beiden Ellenbogen in den Kissen auf.
„Wer?“, murmelte die Königin verschlafen.
„Die Vögel! Es ist nicht auszuhalten.“
„Dann mach doch das Fenster zu.“ Die Königin drehte sich auf die andere Seite.
„Es ist geschlossen!“
Vor Zorn bebend sprang der König aus dem Bett in seine Pantoffeln und riss das Fenster auf. Die frische Morgenluft strömte herein und mit ihr nun lauter der Gesang der Vögel und das Tschilpen von einigen hundert Spatzen. Die saßen verborgen unterhalb des Fensters in einem Ligusterbusch.
Der König zog den linken Pantoffel vom Fuß, warf ihn

in den Busch und brüllte: „Ruhe!“

Das Tschilpen der Spatzen hörte auf. Einige Vögel kamen aus dem Busch heraus, flogen eine Runde übers Schloss und kehrten zurück. Eine Weile war es still darin, dann begann das Tschilpen wieder. Lauter als zuvor, schien es dem König. Der schlug das Fenster zu, setzte seine Krone auf, denn ohne sie kam er sich nackt vor, und lief, so schnell es ihm mit einem Pantoffel an den Füßen möglich war, im Nachthemd die Treppe hinunter, über den kalten Steinboden und in die Gerätekammer. Dort griff er sich eine Axt und eilte damit in den Garten. Dieser Spatzenbande würde er es zeigen. Unnützes Pack! Singen konnten sie nicht, nur Krach machen.

Als er vor dem üppigen grünen Ligusterbusch stand, war kein Laut daraus zu hören.

Der König hob die Axt. Er ließ sich nicht täuschen, er wusste, dass die Spatzen darin saßen, und sie würden mit dem Krach sofort wieder anfangen, wenn er dem Busch den Rücken kehrte.

Er bückte sich, um näher an den Stamm zu gelangen, kroch weiter zwischen die Zweige und mehr in den Busch hinein. Doch als er mitten darin war, wurde er von den Zweigen gepackt und empor gehoben. Die Axt entglitt seinen Händen, und ehe er sich versah, saß er auf einem Zweig. Entsetzlich war, dass er auf einmal nur so groß wie einer der Spatzen war, die überall auf den Zweigen hockten. Die öffneten ihre Schnäbel, und nun kam dabei kein Tschilpen heraus, es waren Worte, die der König verstehen konnte.

Eindrucksvoll plusterte sich vor ihm ein Spatz auf.

Obwohl er keine Krone trug, erkannte der König gleich, wer das war.

„Du wolltest unsere Burg zerstören!“, sagte der Spatzenkönig böse.

Nun bemerkte auch der König, dass er in einem Palast war. Die Zweige waren lange Flure, die mit weichen Moosteppichen ausgelegt waren. Zahlreiche Zimmer, Erker und Nischen waren da, Sonnenstrahlen schimmerten durch viele Öffnungen herein, und über allem lag der schwere süße Duft von blühendem Liguster.

„Stell dir vor, wir würden auch so mit deiner Burg verfahren!“, fuhr der Spatzenkönig fort. „Oder glaubst du, wir wären mit allem einverstanden, was du machst?“

Der König schluckte.

„Wir Spatzen sagen: Leben und leben lassen. Kann man das nicht auch von euch verlangen?“

Der König nickte.

„Zerstörung wird mit dem Tod bestraft“, sagte der Spatzenkönig.

„Ich werde es nicht wieder tun“, murmelte der König mit gesenktem Kopf.

„Sprich lauter!“, herrschte ihn ein Spatz an.

„Bitte verzeiht mir, Euer Gnaden“, wisperte der König.

Ohne zu wissen, wie es geschah, stand er wieder in voller Größe vor dem Ligusterbusch. Ein wenig schwindelig war ihm, aber dann sammelte er den Pantoffel und die Axt auf und wankte zurück ins Schloss.

Er zog sich am Geländer hoch und murmelte ärgerlich vor sich hin. Wie dieser Spatzenkönig ihn behandelt hatte, so als sei er irgendwer. Unglaublich! Zum Glück hatte niemand diese unwürdige Szene miterlebt, zu Kreuze gekrochen war er, um Gnade hatte er gebettelt. Aber was hätte er machen sollen? Das Tschilpen in dem verdammten Ligusterbusch würde ihn jeden Tag aufs Neue daran erinnern. Zum Kuckuck mit den Spatzen! Er würde es ihnen zeigen. Hier war er immer noch König, und ein König konnte befehlen. Er blieb schnaufend auf der Treppe stehen, entzückt von einem neuen Einfall.

Der junge Gärtnerbursche, der viel zu schön war für einen Gärtner, der immer Kalbsaugen machte, wenn er die Königin sah, der sollte den verflixten Busch umhacken. Dann würde man ja sehen, was passierte. Und wenn die Todesstrafe ihn träfe, wäre es um den nicht schade.

Der König kehrte um, und nachdem er endlich einen verschlafenen Diener gefunden hatte, dem er die Axt mit dem Befehl übergab, Edmund habe sofort den Ligusterbusch umzuhauen, eilte er zufrieden ins Schlafgemach zurück. Er öffnete das Fenster und wartete ungeduldig auf das Erscheinen des Gärtnerburschen.

Der kam auch nach einer Weile gähnend herangeschlendert, die Axt in der Hand, blieb vor dem Busch stehen, schüttelte den Kopf, zuckte mit den Schultern, bückte sich endlich und verschwand unter dem Grün. Nun holte der König einen Stuhl heran und stieg darauf, um besser sehen zu können. Die Schläge der Axt waren zu hören, ein Beben ging durch alle Zweige, dann schwankte der Busch und neigte sich. Was war mit den Spatzen? Was geschah mit dem schönen Edmund? Es war nichts zu erkennen, so sehr auch der König den Hals reckte. Doch gerade als der Busch stürzte, flog ein Schwarm Spatzen heraus und dem König entgegen. Der erschrak dermaßen, dass er das

Gleichgewicht verlor und aus dem Fenster stürzte, gerade vor die Füße des Gärtners.

„Wäre der Busch da gewesen, hätte der ihn bestimmt aufgefangen“, sagte Edmund später zu der Königin.

So aber hatte das spitze Ende des abgeschlagenen Holzes die Brust des Königs durchbohrt.

Nach der Beerdigung ließ die Königin viele hundert Ligusterbüsche rund um das Schloss anpflanzen. Der schöne Edmund wurde zum Oberhofgärtner ernannt und weil er die Königin in ihrer Trauer zu trösten wusste, wurde er ihr königlicher Berater und engster Mitarbeiter. Das Tschilpen der Spatzen war ihm sein Leben lang lieber als die Hofmusik.

Monika Mantz

geboren 1947 in Berlin.
Ein Leben lang war sie berufstätig als Sekretärin und Sachbearbeiterin.
Mutter zweier Kinder.
Sie schreibt seit 1996 Geschichten, Gedichte und Märchen.
Seit 2006 ist sie Mitglied der Kelkheimer Autorengruppe.
„Die verlorene Insel" ist ihr erstes Buch, 2010 im Wagner Verlag erschienen.
Sie lebt heute in Kelkheim im Taunus.

Aufgewachsen im geteilten Berlin, war ich es von Kindheit an gewöhnt, meine Gedanken und Gefühle zu Papier zu bringen, denn meine Mutter lebte jenseits des Eisernen Vorhangs, und Post war lange Zeit die einzige Möglichkeit, sich mitzuteilen.

Berliner Treppenhaus

Oben im vierten Stock wohnte Frau von Lindenau. Eine feine alte Dame, die nie ohne Hut das Haus verließ. Stets trug sie Handschuhe zu ihrem Kostüm, und ihre Schuhe waren so blank geputzt, als wären sie neu. Immer lag ein Hauch Rouge auf ihren Wangen, dessen Rot ihren blassen Teint noch zarter erscheinen ließ. Kam sie die Treppenstufen hinunter, begleitete sie ein Veilchenduft, der stets meine Nase umschmeichelte.

Unter uns wohnte eine Familie mit einer Katze, aus deren Wohnung immer ein sehr unangenehmer und penetranter Geruch drang. Die Veilchen brachten dann Frische in das Treppenhaus. Wenn ich Frau von Lindenau die Treppen herunter kommen hörte, sprang ich schnell die Stufen hinunter, um ihr die Eingangstür aufzuhalten. Sie dankte mit einem Lächeln und sagte:

„Das ist aber lieb mein Kind!“

Voller Bewunderung schaute ich ihr noch nach, wenn sie dann das Haus verließ und fragte mich, wo sie wohl hinging.

Immer wieder schaute ich auf den Namenszug auf ihrer Klingel: von Lindenau. Ganz langsam las ich den Namen, holte tief Luft, seufzte und dachte, ach, hört sich das schön an.

Ich weiß nicht warum, aber ich hatte zur damaligen Zeit einen Faible für den Titel: „von“ und wünschte mir nichts sehnlicher, als dass mein Vater unseren Namen auch mit diesem kleinen Wunderwörtchen bereichern würde.

„Na Frolleinchen, kiekste unserer Gnädigen nach“, sagte der Nachbar aus dem dritten Stock, ein ungemütlicher, roher Kerl, der immer abends in der Kneipe an der Ecke saß, und den ich immer dort sah, wenn ich für Vater das Bier im Krug holen musste. Damals zapfte man es noch aus dem Hahn in einem Krug aus braunem Glas ab. Schnell sprang ich um die Ecke, mit ihm mochte ich mich auf kein Gespräch einlassen. Er hat ja doch kein gutes Wort für sie, schon wieder schüttelt er den Kopf und sagte:

„Die hat doch nicht mehr alle Tassen im Schrank."

Immer wenn er sie sah, hatte er etwas an ihr auszusetzen, und ich mochte das nicht hören. Ich stellte mir vor, dass Frau von Lindenau zu einem Kaffeekränzchen ging und sich dort mit Damen ihres Standes traf.

Zwei Stunden waren inzwischen vergangen, und ich kehrte von meiner Freundin Rosemarie vom Spielen zurück, als in unserem Treppenhaus ein Aufruhr war.

Die Hauswartfrau, der ungemütliche rohe Kerl aus dem dritten Stock, Frau Heller aus dem ersten Stock und meine Stiefmutter waren sich lautstark einig. Abhilfe muss her, so geht das nicht mehr weiter, der dritte Wasserschaden in diesem Monat! Durch alle Decken kommt es durch. Immer lässt sie das Wasser in der Badewanne ein, vergisst den Hahn zuzudrehen und verlässt das Haus.

„Ja, ja ... und geht um die Ecke in die Weinstube", mischte sich die dicke Frau Heller mit ihrer komischen Kittelschürze ein. Die war wahrscheinlich nur neidisch auf die alte Dame. Nichtsdestotrotz sah ich, dass kleine Rinnsale Wasser sich einen Weg auf den Treppenstufen suchten. Ich lief in den vierten Stock und sah, wie Wasser aus der Wohnungstür drang. Die Hauswartfrau hatte sich inzwischen den Schlüssel für die Wohnung vom Vermieter besorgt und verschaffte sich Einlass.

„Ja, ja, es ist ein großes Glück, nicht genau zu wissen, in welcher Welt man lebt“, sagte sie.

Als ich zwei Wochen später von der Schule nach Hause kam, sah ich, dass Klingelschild der Frau von Lindenau war abgeschraubt, und nie mehr roch es nach Veilchen in unserem Treppenhaus.

Stimmung anheizen

An einem Samstag im Juli sollte die Band ‚Faltenrock‘ in unserem Städtchen spielen, Rock, Blues und Pop. Von den Temperaturen her sollte es der heißeste Tag des Jahres werden. Auf meiner Loggia waren es bereits 38 Grad. Es war nicht mehr auszuhalten.

„Tun wir uns das an?“, fragte ich meine Freundin. „Gehen wir da hin?“

„Ich komme aber erst später“, sagte sie, „es ist mir einfach zu heiß.“

„OK, mit Edith gehe ich schon mal voraus und halte dir einen Platz frei. Wenn es uns zu heiß wird, müssen wir ja nicht bleiben. Den Musikern zur Ehre machen wir uns aber wenigstens auf den Weg.“

Als wir durch den Mühlgrundpark am Liederbach vorbei liefen, war es angenehm unter den hohen alten Bäumen. Als wir die Stadtmitte erreichten, waren wir erstaunt, wie viele Menschen doch den Weg zu diesem Ereignis gefunden hatten.

Apfelweintische und Bänke waren aufgestellt, und Klappstühle lagen in vielen Stapeln bereit, um auf dem Marktplatz der Stadtmitte aufgeklappt zu werden.

Getränkebuden boten an, was die Kehle an so einem Tag begehrt.

„Faltenrock“ spielte bereits auf der professionellen Bühne, als wir ankamen. Ihr Sänger mit seinen langen Beinen in Röhrenjeans und roten Turnschuhen rockte über die Bühne, verbreitete Rockfeeling. Die Töne des Saxophonisten schmiegten sich wie ein Tänzer über den Marktplatz.

„Komm, wir nehmen uns einen Stuhl.“

„Ach was, erst einmal gucken ob wir uns irgendwo da vorne dazu setzen.“

Bei der ersten Sitzlücke, die ich entdeckte und anfragte, ob wir uns dazu setzen dürften, waren wir gut eingebunden. Mitgebrachte Frotteehandtücher sorgten dafür, dass wir nicht an den Bänken kleben blieben. Als die Dritte von uns im Bunde dazu kam, war die Stimmung schon angeheizt. Wir klatschten zum Takt, und die Beine wippten unter den Bänken. Die Gespräche mit meiner Freundin Jutta aus ihrer „Berliner Riverboat“ Zeit kamen mir in den Sinn. Ein angenehmer Abendwind wehte, und es war gar nicht so heiß geworden, wie ich es auf meiner Loggia vermutet hatte.

Neben mir die Frau, die mit ihrem halbwüchsigem Sohn gekommen war, die an ihrer Limonade nuckelte, bekam leuchtende Augen als ein ehemaliger Rolling Stone Hit gespielt wurde. Ihr Sohn guckte sie teilnahmslos, fassungslos an. Er konnte nicht begreifen, nicht erahnen was sich in der Mutter abspielte. Nicht gerade vorteilhafte Rundungen, die ihr T-Shirt abzeichnete, konnten sie nicht davon abhalten, aufzustehen und sich alleine mit den Rhythmen zu wiegen.

Der Grufti an der Ecke unserer Bank mit dem langen weißen Zopf vergaß, dass meine Freundin hinter ihm saß und lehnte sich mit seinem Rücken in den Klängen der Musik gegen sie. Sein Blick auf die Band gerichtet, vergaß er alles um sich herum und befand sich ebenfalls in einer anderen Zeit.

Neben ein paar kleinen Kindern tanzten vor der Bühne bereits einige Frauen, die es auf ihren Plätzen nicht mehr ausgehalten hatten. Eine von ihnen hüpfte auf die Bank und ließ ihren Rock so hoch wippen, dass ihr Slip sichtbar wurde. Es war ihr egal im Taumel der Musik.

Als ein Hit von den Beatles gespielt wurde, konnte auch ich dann nicht mehr sitzen bleiben und sprang über die Bank. Die Stimmung war angeheizt, wie sie besser nicht sein konnte. Der junge Mann, der Sohn der Mutter neben mir, verstand die Welt nicht mehr. An einem anderen Tisch saß eine Gruppe von jungen Leuten, die sich über uns Frauen im fortgeschrittenen Alter wunderten, welchen Spaß wir hatten. Was war nur in die Frauen gefahren, die es alle auf ihren Plätzen nicht mehr ausgehalten hatten, fragten sie sich.

Eine Jugend, die nie erlebt hatte, wie toll durchtanzte Nächte in Discotheken sein können. Jutta's Riverboat – Berlin – Erlebnisse waren im Hinterkopf lebendig geworden. Schade, an was werden sie sich erinnern, wenn sie in unserem Alter sind?

Frei wie ein Vogel

Tränenumflort wanderte der Blick meiner Freundin zum grünen Ölfarbenanstrich an den Wänden und dem bernsteinfarbenen Muster der Jugendstilblüten des Treppenhausfensters. Jutta saß auf dem obersten Treppenabsatz, und das braune, gedrechselte Holzgeländer des vertrauten Treppenhauses in Berlin-Friedenau umgab sie wie ein schützender Käfig. Sie wartete, wartete darauf, dass ihr Vater von der Arbeit nach Hause kam. Sie wollte dieses Haus nicht verlassen ohne ihm nicht wenigstens „Auf Wiedersehen" gesagt zu haben. Sie hatte sich entschlossen zu gehen, und zwar für immer. Das Herz schlug ihr bis zum Hals von der vorangegangenen Aufregung, dem heftigen Streit mit ihrer Stiefmutter, der sie endgültig zu diesem Entschluss gebracht hatte.

Nach zwei Stunden Wartezeit hörte sie endlich die Schritte ihres Vaters kommen. Er war erstaunt, sie auf dem Treppenabsatz sitzen zu sehen. Sie berichtete ihm von dem Streit und von ihrem Entschluss zu gehen. Er war überrascht und traurig, als er sie verabschiedete. Fassungslos blieb er auf dem Treppenabsatz stehen und schaute ihr nach, als sie sich noch einmal nach ihm umdrehte. Dann fiel die schwere Haustür hinter ihr ins Schloss.

Erst einmal fuhr sie mit der S-Bahn zu ihrer Schwester in der Hoffnung, dort vorerst eine Bleibe zu finden. Diese war verheiratet und bewohnte mit ihrem Mann zwei Zimmer in einer hochherrschaftlichen Wohnung in Lichterfelde-West. Fünf weitere Zimmer in dieser Wohnung wurden von der Familie ihres Mannes bewohnt. Ein zusätzliches winziges Zimmer war frei geworden, dort konnte Jutta vorerst einziehen. Sie hatte Glück, dass wegen des Wohnungsmangels in Berlin in diesen Jahren die Zimmer einzeln vermietet wurden.

Dankbar war sie und genoss ihr neues, selbstständiges

Leben. Endlich keine Bevormundungen mehr, endlich keine quälenden Auseinandersetzungen mehr mit ihrer Stiefmutter! Mit ihrem Zimmerchen war sie zufrieden. Das kleine Fenster führt auf einen Dachgarten, und wenn sie über die Fensterbrüstung stieg und sich an warmen Tagen ein Sonnenbad genehmigte, dann fühlte sie sich frei wie ein Vogel.

Aber auch ein Vogel lebt nicht nur von Luft und Liebe. Sie musste sich etwas einfallen lassen, wie sie ihren Lebensunterhalt verdienen konnte. Vater würde sie um keinen Pfennig bitten, dazu war sie zu stolz. Sie war ausgezogen, und nun wollte sie die Konsequenzen tragen. Zu diesem Zeitpunkt war sie Lehrmädchen in einem Fotoladen als Fotolaborantin und nannte monatlich neunundfünfzig Mark ihr Eigen.

„Du kannst dir ein paar Mark auf dem Amerikanischen Volksfest verdienen, wenn du bei einem Schausteller Kaffee verkaufst", sagte die Freundin ihrer Schwester.

„Wirklich?"

„Ja, die suchen immer flinke Leute. Ich kenne einen Eberhard Meyer, den sprich an und sage, dass ich dich schicke. Am Nachmittag um drei Uhr musst du da sein. Sei pünktlich, du verdienst zehn Mark die Stunde."

Zehn Mark! Das war 1963 viel Geld.

„Und wie lange muss ich da arbeiten?"

„Wenn du Glück hast bis Mitternacht."

„Das sind ja achtzig Mark an einem Tag!"

„Ja, wenn er mit dir zufrieden ist, kannst du den ganzen Sommer über dort arbeiten. Nach dem Amerikanischen kommt irgendwann das Französische Volksfest. Der Schausteller Meyer ist auf allen Volksfesten vertreten."

Jutta überlegte. Berlin war zu diesem Zeitpunkt noch in vier Sektoren geteilt. Dann würden sicher noch die Engländer dran sein.

So machte sie sich kurzentschlossen stadtfein und fuhr mit der S-Bahn raus nach Zehlendorf. Auf dem Rummelplatz angekommen, suchte sie den Stand von Herrn Meyer. Hinter der Geisterbahn, am Kettenkarussell vorbei, stand eine große Bude wo Lose verkauft wurden, und dann soll es dahinter einen Kaffeestand geben. Sie suchte vergebens. Jedoch entdeckte sie eine Holzbude mit einem Schild von Berliner Kindl, die an der einen vorderen Ecke so etwas wie eine Kaffeemaschine aufzuweisen hatte. Quer über dem Stand flatterten amerikanische Flaggen an einer Leine im Wind. Neben der Kaffeemaschine stand eine gutmütig aussehende Frau mit einem Lockenkopf und einer kurzen weißen Schürze und fragte sie, ob sie die Aushilfskraft für heute sei.

„Ja, die bin ich."

Der Stand war mit zehn Tischen bestückt, doch dort herrschte noch gähnende Leere. Am hinteren Tisch rechts in der Ecke hockten zwei Alte vor ihren Kaffeetassen. Von Herrn Meyer keine Spur. Ehe sie sich versah, kam eine amerikanische Kapelle anmarschiert, die vor dem Berliner Kindl Halt machte. Plötzlich kam ein Mann von hinten aus dem Wohnwagen gerannt und hob einen Taktstock. Sie konnte gar nicht so schnell gucken, wie sich die Tische mit Menschen füllten und alle Gesichter sich aufhellten durch so ein bisschen Musike.

Von jetzt auf gleich war Leben in der Holzbude.

„Bist du die Neue", sprach sie der Mann mit dem Taktstock an.

Also musste er Herr Meyer sein.
„Ja, die Neue für den Kaffeestand."
„Ach was, Kaffeestand. Elli, meine Serviererin liegt hinten in meinem Wohnwagen. Sie kann heute nicht. Hol dir von ihr die weiße Servierschürze, lass dir ihr Portemonnaie geben und bediene mit. Du siehst ja, was hier los ist."
„Ich habe das aber noch nie gemacht."
„Dann fängst du eben jetzt damit an."
Jutta schaute in den Wohnwagen und sah die vor sich hin lallende Elli auf dem Sofa liegen. Sie hatte eine gewaltige Jägermeisterfahne. So konnte die wirklich nicht bedienen. In der Ecke neben dem Kopfkissen guckte ein schwarzer Spitzenschlüpfer hervor. Aha, so war das also! Sie band sich ihre Schürze um, nahm das riesige Portemonnaie mit dem Wechselgeld und rannte los an die Tische. Herr Meyer nickte ihr aufmunternd zu.
„Fräulein, zwei Bier und einen Kaffee!"
„Fräulein eine Herva mit Mosel und ein Halb und Halb!"
„Fräulein, schnell zwei Weiße, eine rote, eine grüne, eine Sinalco und einen Kaffee!"
So ging das bis in den späten Abend.
Sie rannte und rannte und rannte.
Am Anfang hatte sie keine Ahnung von den Preisen. Was kostete das denn überhaupt? Herr Meyer, der den Ausschank machte, zeigte nur auf die Preistafel an der Wand. Sie flog von der Theke an die Tische und wieder zurück. Den Schlüssel für ihren Code in der Kasse bedient Herr Meyer.
„Machste prima, Mädchen, kannst immer wieder kommen. Ick sehe schon, dit klappt mit dir."

Er kassierte die Einnahmen des Tages ab, drückte ihr einen Hunderter in die Hand und rief: „Bis nächsten Sonntag." Dieser Nebenjob lohnte sich, Donnerwetter!

Auf der Heimfahrt im Bus folgten ihr zwei junge Männer. Sie hatten sie schon beim Bedienen beobachtet, jedoch kein Wort gesagt. Hinten auf der letzten Bank steckten sie die Köpfe zusammen und tuschelten. Als sie umstieg, stiegen sie auch um. Ihr wurde ein bisschen mulmig. Wieder setzten sie sich auf die hinterste Bank. Fest umschloss ihre Hand das Pfefferspray in der Manteltasche. Kommt mir ja nicht zu nahe, ihr beiden! Mit energischem Blick und festen Schritt verließ sie den Bus. Die jungen Männer folgten ihr, bogen jedoch eine Ecke vorher ab.

Als sie in dieser Nacht im Bett lag, spürte sie ihre Füße nicht mehr und in ihrem Kopf summte es, wie in einem Ameisenhaufen.

In diesem Sommer folgten Sonntage mit lohnender Einnahme. Seriös gekleidet, mit weißem Bubikragen auf ihrem Pulli, erschien sie Sonntag für Sonntag an Herrn Meyers Stand. Er engagierte sie immer wieder. Er und Elli sind inzwischen ein Paar. Sie hatte längst ihre eigene Schürze und ihr eigenes Portemonnaie.

Von diesen zusätzlichen Einnahmen hatte sie genug für ihren Lebensunterhalt. Sie brauchte niemanden um Geld zu bitten, darüber war sie froh.

Mit der Zeit wurden ihr einige der Kunden vertraut. Es gab Menschen, die von einem Fest aufs nächste gingen. Ein Ehepaar fiel ihr auf, das sie besonders inspizierte und ihr stets ein reichhaltiges Trinkgeld gab. Sie hatten meist einen jungen Mann dabei. Irgendwann ließen sie Jutta wissen, sie würde gut zu ihrem Sohn passen und luden sie zum Mittagessen nach Hause ein. Sie lehnte höflich ab. Ein Rummelplatz als Heiratsvermittlung, das war nicht ihr Ding! Und überhaupt war sie nur hier, weil sie ein Zubrot zu ihrem Lehrlingsgehalt brauchte, um leben zu können und nicht um einen Mann fürs Leben zu finden. Nach ihrer Gesellenprüfung sagte sie diesem Nebenjob ade.

Dann stand für sie fest, dass sie endlich leben wollte, tanzen, fröhlich sein. Das Riverboat, die Studentendisko am Hohenzollerdamm in Wilmersdorf, wollte sie kennen lernen. Am liebsten ging sie allein dort hin und nicht mit einer Freundin. Sie hatte die Erfahrung gemacht, dass ihre Freundinnen zickig wurden, wenn sie keine Tänzer abbekamen. So reihte sie sich Samstag für Samstag in die Schlange, die dort vor der Tür stand, ein. Sie genoss es, einfach frei zu sein. Niemand machte ihr Vorschriften. Allein sie konnte entscheiden, wie lange und mit wem sie blieb. Ob sie alleine oder zu zweit nach Hause ging. In einer Kleinstadt wäre diese Verhaltensweise unmöglich gewesen.

Auf dem Riverboat gab es fünf Decks, die wie einzelne Schiffe ausgebaut waren. Auf jedem Deck spielte eine Live Band. Im Sommer trat sogar eine Band auf dem Dachgarten auf. Auf einem Deck gab es einen Diskjockey in einem sehr dunklen Raum. Wenn ihr die Musik nicht mehr gefiel, wenn ihr ein Tänzer unangenehm wurde oder wenn die Kapelle Pause machte, wechselte sie einfach das Deck.

Diese Diskothek gefiel ihr und sollte vorerst ihr neues Domizil in ihrer Freizeit werden. Flirtversuche und nächtelanges Durchtanzen folgten, sieben Stunden am Stück ohne Pause waren ihr Rekord. Ein Leben ohne Tanzen war für Jutta unvorstellbar. Die Gelegenheit immer wieder neue Tänzer zu finden, war verlockend und spannend. Die große Stadt war voller Geheimnisse, Versuchungen und Chancen. Sie war glücklich hier zu leben und ihr Leben in vollen Zügen genießen zu können.

Anglerlatein

Hubert, ein älterer Junggeselle mit schütterem Haar aus dem vierten Stock in der Chranachstraße, ging im Sommer jeden Samstagmorgen zum Angeln. Er liebte es, alle Sorgen der Woche hinter sich zu lassen. Die Glaserei Ohlenschläger, die er mit Mutter zusammen führte, öffnete er Samstag nicht, es lohnte nicht.

Es war für ihn das Schönste der Welt, sich unter einen Busch zu setzen und die Angel auszuwerfen. Auf das Wasser zu schauen, seinen Gedanken nachhängen. Wenn er Glück hatte, brachte er zwei herrliche Fische mit nach Hause und wenn nicht, war das auch kein Unfall. Dann ging er in den Fischladen an die Ecke zum Dürerplatz und kaufte sich seine Lieblingsfische, Lachsforellen. Dann besuchte er am Abend seine alte Mutter, und sie bereitete sie ihm zu. Mit dem Kochen klappte es nicht so recht, und Mutter freute sich, wenn er kam. Es war ein wichtiges Ritual geworden, seit er nicht mehr bei ihr wohnte. Wenigstens einen Auszug vor zwei Jahren hatte er geschafft. Mit 56 Jahren muss ein Sohn auch mal alleine wohnen, hatte er zu seiner Mutter gesagt.

Während er auf seinem Anglerstuhl saß, dachte er, ach, hätte ich doch damals nicht auf Mutter gehört und die schöne Susanne aus dem Nachbarhaus zum Tango ausgeführt. Sie liebte es, wenn ein Kavalier ihr eine Rose brachte und sie dann zum Tanzen ausführte. Ewigkeiten waren inzwischen vergangen. Mutter hatte ihm eingeredet, was für eine verwöhnte Frau Susanne sei, Rosen wolle sie haben, was für ein Anspruch, und ausgeführt werden noch dazu!

„Warst du denn nie mit Vater tanzen", hatte er gefragt.

„Nein, Arbeit war unser Leben, für Tanzen hatten wir keine Zeit. Und Rosen, die halten doch gar nicht, sind viel zu empfindlich, Nelken sind schön und haltbarer."

Er hatte auf ihren Rat gehört, und die schöne Susanne hatte ihm die Nelken kess vor die Füße geworfen, als er sie damit zum Tanzen ausführen wollte. Dann war sie mit dem schönen Egon aus dem Nachbarhaus ins nächste Tanzlokal gegangen.

Jede Frau hatte Mutter ihm madig gemacht. Bei einer jeden fand sie etwas, was nicht passend für ihn war, und sofort hatte sie gute Ratschläge parat. So waren die Jahre vergangen und die Chancen eine nette Freundin zu finden auch. Keine wollte einen alten Junggesellen. Inzwischen hatte er sich damit abgefunden, aber manchmal saß er auf seinem Anglerstuhl und träumte. Susanne war ungebunden, hatte er neulich gehört. Er stellte sich vor, wie sie in Rosenöl badete und ihn erwartete, um ausgeführt zu werden. Er hatte sie in all den Jahren nie vergessen und sie im Geiste zu seiner Rosenkönigin gemacht. Hier, wo Mutter ihn nicht ständig störte, konnte er seinen Träumen ungeniert folgen.

Was war das? Der Schwimmer bewegte sich, es zappelte an seiner Angel, er holte sie ein ... er hatte Glück, ein Rotauge hing an der Angel. Ein Fisch den er eigentlich nicht so mochte wegen der vielen Gräten. Er würde Mutter überreden, das Fleisch durchzudrehen und Fischklopse in Senfsoße daraus zu machen. Kochen konnte sie, das musste man ihr lassen.

Irgendwie war ihm heute das Rotauge in die Quere gekommen, und er konnte seinen Träumen nicht so recht folgen. Er packte seine Angelsachen ein, wühlte sich durch den Verkehr und fuhr zu seiner alten Mutter. Besorgte einen zweiten, großen Fisch im Fischladen um die Ecke und hatte plötzlich einen Riesenhunger.

Nächstes Mal werde ich Susanne verführen, nächstes Mal wird mir kein Rotauge dazwischen kommen. Ach, schöne Susanne, seufzte er, hätte ich dir doch damals nur eine Rose geschenkt …

Uta Franck

1942 in Meldorf geboren, Studium der Biologie, Geografie und Germanistik in Kiel, Köln und Frankfurt, 30 Jahre lang Lehrerin am Dr. Richter Gymnasium in Kelkheim. Jüngste Publikation: „Sieben Tage, sieben Nächte, Moderne Märchen“, Societäts-Verlag 2016, Einzelveröffentlichungen (Gedichtbände, Romane, eine Autobiografie, Märchen und Sagen)
2006 Kulturförderpreis der Stadt Kelkheim

Seit 1989 leite ich zu meiner Freude die Kelkheimer Autorengruppe. Vom Schreiben kann mich keiner mehr abhalten, weil es inzwischen zu meinem Leben gehört. Zum Glück kann ich auch noch im hohen Alter dieser Tätigkeit nachgehen. Marathonlaufen wäre bedenklicher.

beufranck@t-online.de

Reflexion

Ich bin ein Spiegel
deshalb liebt mich Narziss

Narziss spiegelt mich nicht

In deinem Gesicht

In deinem Gesicht
lese ich
dass es mich gibt

Mit deinen Händen
spüre ich
meinen Atem

Deine Haut
erzählt
von meinen Küssen

Deine Worte
lachen
in meinem Gesicht

Rendezvous

oder Gefahren der Liebe
Er erfindet sie
streift ihr
seine Geschichte
wie ein Seidenkleid
über die nackte Haut

Sie dreht sich
schaut in den Spiegel
lässt den Rock
schwingen
Wie schön ich bin

Als er aufhört
ihr Geschichten anzuziehen
gibt es sie
nicht mehr

Die Spiegelnde

Sie stellte fest, dass ihm ihre Aufmerksamkeit Bedeutung gab. Er brauchte ihr Interesse. Ohne ihr Zuhören glaubte er nicht an sich. Er hatte schon so viel in seinem Leben erreicht, Prüfungen bestanden und akademische Grade erworben, aber er war immer noch nicht sicher, ob er etwas taugte.

Deshalb musste er sich ständig beweisen, jedem neuen Gegenüber musste er zeigen, dass er ein kluger Kopf, ja dass er geistreich war. Ließ ihre Aufmerksamkeit nach, pflegte er zu sagen, sie habe wohl keine Lust mehr, sich mit ihm abzugeben. Dann beteuerte sie das Gegenteil.

Ihre Verwunderung nahm zu. Woher kam seine Unsicherheit? Er war ein guter Schüler gewesen, sogar ein sehr guter. Er hat einfach keine Erfahrung mit Niederlagen, dachte sie. Hätte er einmal erlebt, eine Fünf zu schreiben und zu bemerken, dass er immer noch derselbe Mensch war, kein bisschen dümmer als vor der Fünf, das hätte ihm gut getan. Ein Misserfolg ist gar nicht so schlimm, dachte sie, aber ständig Angst davor zu haben, das fand sie unerträglich.

Sie begann, über dieses Thema mit ihm zu sprechen. Begierig griff er es auf. Stundenlang inszenierte er immer neue Variationen seines Problems. Er findet sich ungemein interessant, stellte sie fest. Ich glaube nicht, dass ihm dieses Gespräch hilft. Er verstrickt sich immer mehr in sich selbst.

Sie unterhielten sich oft über seine Versagensangst. Mit der Zeit spürte sie Widerstand gegen dieses Thema in sich wachsen. Er braucht mich, um bedeutungsvoll zu sein. Das ist ein Missbrauch meiner Person. Ich will das nicht mehr. Ich höre ihm nicht mehr zu. Was soll ich tun? Flüchten?

Auf dem Dachboden

(Den Bewusstseinsstrom laufen lassend wie James Joyce, also unreflektiert)

Welchen Dachboden soll ich mir aussuchen fange ich mal mit dem Haus in Meldorf an zur Bodenluke musste eine Leiter gestellt werden die Luke war eng und meine Mutter konnte nur mit Mühe hindurch also musste ich jedes Jahr beim Frühjahrsputz nach oben steigen musste fegen aufwischen und Ordnung machen meine Mutter guckte durch das Loch und dirigierte da fand ich jedes Jahr den Karton mit meinen Puppen die meine Mutter eines Tages einfach nach oben befördert hatte ohne mich vorher zu fragen fand ich ganz schön gemein und ich war traurig denn meine Puppen waren ja meine Kinder die wollte ich immer noch versorgen auch wenn ich vielleicht mit zwölf Jahren nicht mehr so häufig mit ihnen gespielt habe und meine Mutter das beobachtet hat na ja so war es nun einmal das kann und konnte ich nicht ändern seine Mutter kann man sich nicht aussuchen genau genommen war sie gar nicht so schlimm.

In einem anderen Karton waren Vatis Kasperlepuppen die hätte ich gern mal wieder angeguckt aber meine Mutter sagte ich solle aufwischen dann noch Schlittschuhe und anderes Gesockse an das ich mich nicht mehr so genau erinnere aber Pastor Großs Dachboden – Pastor Groß war Birgits Vater und sie war meine Freundin – der Dachboden war Spitze wenn ich am Wochenende in Burg bei Birgit war gingen wir nach oben und stöberten in einer großen Kiste waren Sachen zum Verkleiden ein wunderschönes Kleid aus Taft das mir genau passte ich habe es mir ausgeliehen und bei unserem Faschingsball in der Schule getragen Burgfräulein - ich war Burgfräulein davon gibt es noch Fotos muss ich mir mal wieder ansehen Mensch haben wir da immer toll getanzt in der Truhe auf dem Dachboden hab ich auch eine Lederhose gefunden die hab ich als Fünfzehnjährige ein Jahr lang getragen richtig fesch und praktisch als wir auf Klassenfahrt nach Hallig Hooge gefahren sind habe ich sie angezogen davon gibt es auch ein Foto war eigentlich kühn als junges Mädchen damals im Klassenverband in einer kurzen Hose rumzulaufen dann hat Frau Groß gemerkt dass die Hose weg war Birgit hat gestanden dass ich sie hatte und ich musste sie schleunigst wieder zurückgeben dabei hatte ich sie ganz offiziell bei Birgit ausgeliehen aber vielleicht war sie nicht die richtige Instanz.

Die Eltern Groß hatten sieben Kinder die Älteste ging in die Klasse meiner Schwester die kam genauso wie Birgit manchmal zu uns nach Hause sie hatte so dicke Lippen dass sie wie eine Negerin aussah Birgit war sehr schön streng geschnittene Lippen eine ernsthafte Nase braune Augen und dunkles Haar ihr Busen war so üppig da konnte ich überhaupt nicht mithalten wollte ich auch nicht ich dachte mir dass so ein Gebammel unpraktisch sein müsse die Jungs in meiner Klasse waren da anderer Meinung sie waren alle in Birgit verknallt und reckten die Hälse wenn sie im Unterricht aufgerufen wurde und irgendetwas beantworten musste.

Einmal bei einer Englischarbeit haben Birgit und ich uns zusammengesetzt wir haben schwesterlich zusammengearbeitet war eine Übersetzung von Deutsch nach Englisch da wir beide dieselben Fehler hatten z. B. das Feuer löschen to lish the fire hatten wir geschrieben es muss aber heißen to put out the fire das weiß ich noch heute das war in der Quarta siebte Klasse und dann die blöde Englischlehrerin die meinte ich hätte abgeschrieben weil Birgit in Englisch eine Zwei und ich eine Drei auf dem Zeugnis hatte ich habe dann die Fünf wegen Täuschung gekriegt und Birgit wurde normal benotet dabei haben wir uns wirklich kollegial ergänzt Birgit war nicht so gut in Sport sie hat Germanistik studiert promoviert und war Lektorin im Hueber Verlag in München mit Vierzig hat sie gekündigt und sich dem Yoga verschrieben ist heute ganz sportlich geworden richtig durchtrainiert sie ist von München nach Berlin gezogen von Berlin auf ein Dorf in der Nähe von Hamburg ist ganz fromm geworden hat sich mit den Evangelen verkracht hat sich völlig vom Christentum abgewendet und lebt nun esoterisch und mühselig von wenigen Yogakursen in Lübeck sie ist zweimal geschieden und hat keine Kinder.

Ich könnte jetzt noch vom Dachboden in unserem Haus in Kelkheim berichten aber dazu habe ich keine Lust mehr.

Im Keller

(Den Bewusstseinsstrom laufen lassend wie
James Joyce, also unreflektiert)

Von unserem kleinen Flur in unserem Haus in Meldorf - das war ein winziger Flur – führte eine Treppe nach oben und eine nach unten in den Keller. Die Kellertreppe bestand aus Zementstufen. Links ein Haken mit vielen Taschen die nur selten gebraucht wurden aber noch zu gut zum Wegwerfen waren sie beutelten sich nahmen ganz schön Platz weg das war unangenehm denn rechts hingen Mäntel und Jacken die im Flur keinen Platz mehr hatten obwohl wir nicht reichlich mit Garderobe gesegnet waren einen Mantel von jedem von uns gab es da schon auf der rechten Seite der Treppe manche Mäntel hingen sogar auf einem Bügel. Die grauen Zementstufen führten im Bogen auf ein Kellerfenster zu und daneben stand eine Mangel alle naslang musste ich drehen und meine Mutter schob die Handtücher Unterhosen und –hemden durch die beiden Rollen die Wäsche wurde draußen auf der Leine getrocknet auch bei Frost sie roch schön frisch und nach dem Mangeln wurde sie im Kinderzimmer- und Schlafzimmerschrank eingeordnet ganz akkurat meine Mutter war furchtbar ordentlich.

Im rechten Winkel zu der Mangel waren Regale mit selbstgekochter Marmelade Erdbeeren Stachelbeeren und Rote und Schwarze Johannisbeeren. Schwarze Johannisbeermarmelade esse ich am liebsten auch heute noch außerdem standen dort die hohen Gläser mit Quitten- und Pflaumenkompott und Dosen mit Erbsen und Bohnen alles für den Winter meine Mutter brauchte nur in den Keller zu gehen und sich inspirieren zu lassen wenn sie nicht wusste was sie kochen sollte war ganz schön viel Arbeit im Sommer das Erdbeerpflücken und das Ernten der Bohnen und Erbsen na ja das war eben so. Den Regalen gegenüber war eine Vertiefung da lagen die Kartoffeln immer im Herbst wurden zwei Zentner Kartoffeln eingekellert im Winter sahen die Knollen gut aus aber im Frühjahr keimten sie lange weiße wie Würmer aussehende Triebe wuchsen den Kartoffeln wir waren immer froh wenn es die ersten neuen Kartoffeln zum Spargel gab Mensch war das lecker.

Zwischen Regal und dem Kartoffelloch war eine Tür die ging zum Kohlenkeller in einer Ecke waren Briketts gestapelt. Der Koks wurde durch das Kellerfenster geschüttet im Winter musste der Kachelofen in der Wohnstube geheizt werden meine Mutter nahm Papier knüllte es und baute Holzspäne drum herum wenn das Papier und auch das Holz brannte legte sie ein Brikett manchmal zwei obendrauf waren die durchgeglüht dann wurde von oben durch die andere Tür des Ofens der Koks geschüttet vorsichtig damit das Feuer nicht erstickt wurde jeden Morgen diese Prozedur wenn ich krank war und auf dem Sofa im Wohnzimmer lag hab ich ihr zugeschaut wie sie das machte habe sie bewundert und gedacht das kannst du nie war damals noch ziemlich klein als ich das dachte als ich größer war habe ich krank im Kinderzimmer gelegen und habe ihr nicht mehr zugeschaut.

Im Kohlenkeller gab es also Briketts und die kleinen Kugeln oder Eier Koks genannt. Manchmal hüpfte auch ein Vogel dazwischen manchmal eine Lumme mein Vater war in meiner Heimatstadt als Vogelmeier bekannt als Vogelkenner –pfleger und –retter. Wenn im Sommer Jungs mit einem Mauersegler im Karton ankamen das war des Öfteren der Fall - die Mauersegler waren versehentlich auf dem Boden gelandet und von da konnten sie nicht wieder starten – wären unweigerlich zu Grunde gegangen wenn die Jungen sie nicht gefangen hätten mein Vater nahm den Mauersegler in die Faust ging mit den Jungs in den Garten sagte: Passt mal auf! Und warf den Vogel in die Luft der wackelte ein bisschen mit den Flügeln und segelte davon das hatte etwas von Zauberei und ich glaube der gute Ruf meines Vater als Vogelkundler in Meldorf beruhte darauf dass er wusste dass Mauersegler am Boden hilflos sind. Sie landen normalerweise auf Mauern Dächern etc. von wo sie sich gleich wieder in die Lüfte schwingen können.

Einmal hatten wir eine Troddellumme im Kohlenkeller die war ziemlich groß die schiss den ganzen Keller voll. Wenn die Vögel in unserem Keller starben brachte sie mein Vater zu einem Mann der ausstopfen konnte mein Vater besaß viele ausgestopfte Vögel die auf einem Bord in unserem Wohnzimmer standen einmal im Jahr trug sie meine Mutter auf die Terrasse und staubte sie mit einem Pinsel sorgfältig ab sie waren von dem Präparator mit Arsen besprüht worden damit sie nicht von Motten zerfressen wurden.

Meinem Vater war es egal wer die Vögel nach seinem Tod bekommen würde sie sollten nur zusammenbleiben meine Schwester und mein Bruder hatten kein Interesse an diesem Schatz heute dürfen die Vögel nicht mehr ausgestopft werden damit darüber kein Vogelhandel entsteht keiner unserer Vögel ist extra getötet worden viele sind in unserem Keller gestorben manchmal wurden sie bei uns auch wieder gesund andere wurden meinem Vater tot gebracht damit er sie bestimmte. Heute habe ich all diese Vögel Volker du musst mal kommen und sie dir ansehen ich habe sie meinem ältesten Sohn vermacht er wollte sie gleich haben und in seiner Firma aufstellen aber erst einmal wollte ich sie besitzen. Der Präparator verstand seinen Beruf die Vögel sehen echt aus.

Jetzt sind sie schon so lange bei mir jetzt könnte ich sie weitergeben. Mal sehen!

Bei den Weidenröschen

Bei den weißen Weidenröschen
wo die schwarzen Möwen flogen
kamst du zu mir

Bei den weißen Weidenröschen
wo die schwarzen Möwen flogen
blieb ich bei dir

Ich kam zu dir
du bliebst bei mir
und die schwarzen Möwen flogen

Selbstgefangen

Die Buchstabenuhr steht auf
kühn aus dem Fenster zu schauen
draußen da wäre sie daheim
auf dem sanft geschlungenen Land
das Meer zum Atmen

Gebunden an leere Stühle
hängt sie am Rücken seiner Hand
sein Mund mit den kräftigen Zähnen
endet im Nichts dahinter
kopflos gebunden ans Werden und Sterben
wehrlos ergeben dem Widder

Auf dem kreisenden Mühlstein
läuft sie tagtäglich
um in der Lüge zu bleiben
dein ist mein Herz
stellt den Stuhl unter den Tisch
Licht strömt durch das Fenster

Die Schatten bleiben. Sie hält
der goldene Faden der Lust
einen Fisch zu zerteilen
aus dem Perlen quellen
Mitternacht ist vorüber
Buchstaben bestimmen
Stund um Stund

Still Leben

Taube Thuja und Mond
was will ich mehr
am frühen Morgen
Die Geige lasse ich
mit zwei Fingern aus dem Fenster fallen
drei Kugeln aus Granit
im Fluss geformt
und immer wieder
die ausgesperrte Landschaft
verdammt
wende mich ab
von zerbrochenen Krügen
am Boden liegenden Muscheln
werden mit Füßen getreten

Der Vogel hinter Glas
kann nicht singen
auch wenn der Schrank schön

Ästhetik ist kein Ersatz
für Freiheit

Ich gehe

Familienfeier

Schwester und Bruder
wecken
Kindheit und Jugend

Söhne und Töchter
erinnern
an die Elternzeit

Die Enkel
sind
die Gegenwart

Der Ruf der Eule

Ich ging in den Wald
ich hörte die Eule
sie rief meinen Namen

Ich schwamm in den Wellen
ich fragte die Fische
sie sangen ein Lied

Ich stieg über Dünen
da sah ich Kamele
die schwankten im Licht

Ich fiel in den Abgrund

die Wölfe heulten
im dämmrigen Forst

Ich flog in den Himmel
die Engel tanzten
sie tanzten mit mir

Ein Traum

Mutter Erde
öffnet ihre Arme
wiegt mich auf ihrem Schoß

Ich schlafe schlafe schlafe
langsam löse ich mich auf
und werde Erde
Muttererde
auf der Brenn-Nesseln Johanniskraut
und eine Weide wachsen

Ein Kiebitz fliegt auf
Er ruft: Kiwitt kiwitt
Komm mit

Die Dithmarscher

Immer wieder gab es Ärger mit dem dänischen König. Ich wohnte bei meinen Eltern auf unserem Hof im freien Bauernland Dithmarschen. Bisher hatten wir es geschafft, uns die Grafen und Herzöge vom Hals zu halten. Die holsteinischen Adligen, die größtenteils mit den Dänen verwandt waren, wollten gern die Herren über unser Land werden. Aber wir waren freie Bauern, wir brauchten keinen Herrscher über uns. Nun hatte sich wieder einmal der dänische König Johann mit seinem Bruder, dem Herzog von Holstein, zusammengetan und wollte uns endlich unterwerfen.

Mein Vater hatte sich auf den Weg nach Meldorf gemacht, um mit den anderen Bauern Rat zu halten. Was sollten wir tun? Das Heer der Bauern zählte 6000 Mann, die Schar der Feinde 12000. König Johann hatte die berühmt-berüchtigte Schwarze Garde für sich gewinnen können. Das Söldnerheer sollte schrecklich grausam sein. Ihr Oberst hieß Thomas Slentz. Die Söldner freuten sich angeblich schon, das reiche Dithmarschen plündern zu können.

Ich saß mit Mutter in der Küche und schälte Zwiebeln. Mutter erzählte von der Übermacht der Feinde und dass es nun bald mit der Freiheit vorbei sei.

„Ach, die vielen Reiter, die vielen Hellebarden und Kanonen", klagte sie.

„Vielleicht denkt sich Vater etwas aus, wie wir die Söldner überlisten können?"

„Wie denn, mein Kind?", antwortete Mutter.

Draußen schneite es nicht mehr. Tauwetter hatte eingesetzt.

„Jetzt werden die Wege schlammig", sagte Mutter. „Das ist gut. Dann kommt die Schwarze Garde nicht so schnell voran."

Plötzlich wurde die Tür aufgerissen. Ein Bote stürzte ins Haus.

„Nachricht von Ihrem Mann. Der Feind bricht von Meldorf in Richtung Heide und Lunden auf. Noch seid Ihr in Delve sicher."

„Aber nicht mehr lange", sagte Mutter.

„Alle Leute von der Geest sind geflohen, haben keinen Widerstand geleistet. Auch Windbergen haben die Dänen kampflos eingenommen. Dann sind sie nach Meldorf gezogen. Die Menschen, die sie dort noch angetroffen haben, sind niedergemetzelt worden. Es war furchtbar. Die Dithmarscher kochen vor Wut."

„Und Heide steht dasselbe bevor wie Meldorf. Geesche, wir packen unser Zeug und fliehen wie die anderen in die Marsch. Zu Tante Telse. Hier in Delve ist es zu gefährlich."

Ich hätte mich gern in mein Versteck auf dem Heuboden verkrochen, aber nun musste ich Mutter beim Packen helfen. Nur das Notwendigste konnten wir mitnehmen.

Währenddessen besuchte in Meldorf der Dithmarscher Landesverweser Carsten Holm den Dänenkönig Johann. Listig riet er ihm, bald in Richtung Heide aufzubrechen. Er wusste nämlich, dass die Bauern südlich von Hemmingstedt, ziemlich genau zwischen Meldorf und Heide, eine Schanze bauen wollten, die das feindliche Heer aufhalten sollte. Die Straße, die die Dänen ausgewählt hatten, lag auf einem Damm, rechts und links befanden sich tiefe Gräben, die nur durch eine Brücke oder durch

Springstangen zu überqueren waren. Auf dieser Straße konnte das Fußvolk schwerlich ausweichen.

Die Schwarze Garde brach am 17. Februar des Jahres 1500 auf. In langer Reihe marschierten die Söldner hintereinander her. 9,65 km lang soll der Tross gewesen sein. Durch das Tauwetter war das Eis in den Gräben geschmolzen. Jetzt war der Augenblick gekommen, die Siele zu öffnen. Die Bauern machten die Nordsee zu ihrem Verbündeten. Das Meerwasser strömte in die Gräben, überflutete die Felder und reichte bis an die Straße. Das gesamte Gelände war eine Schlammwüste. Die Soldaten näherten sich der Schanze. Vorne konnten sie nicht weiter, wenn sie nach rechts oder links ausweichen wollten, versanken sie im Wasser. Die Dithmarscher kamen ohne Helm, Harnisch und Schuhe hinter der Schanze hervor und stachen die Feinde nieder. „Warr die, Garr, de Buer de kummt!“, brüllten sie. Ohne Harnisch waren sie beweglich – trotz der Nässe. Ihre Spieße benutzen sie als Springstangen. Sie kannten das Gelände, die Söldner nicht.

Oberst Thomas Slentz gab den Befehl, die Schanze zu umfassen, was nicht gelang. Die Söldner fielen in die Gräben und wurden von den Bauern abgestochen. Drei Stunden lang metzelten die Dithmarscher ihre Feinde nieder. Dann waren die Dänen vernichtend geschlagen. Die Sieger kannten kein Pardon. Sie töteten alle und plünderten die Leichen. Nahezu jede Adelsfamilie Schleswig-Holsteins verlor ein Familienmitglied.

Die einfachen Soldaten wurden sofort begraben, die Adligen ließ man liegen. Nach zähen Verhandlungen wurden die Toten freigegeben. Auch der Bannerträger Hans von

Ahlefeld hatte sterben müssen.

Es war mein Vater, der die dänische Flagge vom Meldorfer Kirchturm wieder herunterholte. Der Danebrog wurde später in der Kirche von Wöhrden ausgestellt. Mutter und ich mussten unseren Hof nicht verlassen. Wir konnten unser Bündel getrost wieder auspacken. Wir waren froh, dass wir das Vieh nicht unversorgt zurücklassen mussten.

Das war die Schlacht von Hemmingstedt, die uns Dithmarscher berühmt gemacht hat. Das Meer und unsere Bauernschläue haben gesiegt.

Durch die Vermittlung der Städte Lübeck und Hamburg wurde am 15. Mai 1500 ein Frieden geschlossen, der Dithmarschens Selbständigkeit urkundlich verbürgte.

Paul Pfeffer

geboren 1948 in Bad Sobernheim an der Nahe.
Studium der Germanistik und der Politikwissenschaften in Frankfurt. Arbeitete als Lehrer in Kronberg im Taunus.
Lebt seit 1984 in Kelkheim. Schreibt und veröffentlicht seit 1992 Gedichte, Geschichten, Romane, Essays und Rezensionen.
Versucht in Kelkheim und Umgebung die Regionalkultur zu inspirieren, betreibt seit 2014 einen Kleinverlag, die Edition Pauer.

Bücher haben mich mein ganzes bisheriges Lesen begleitet. Ich war und bin ein süchtiger Leser. Erst Anfang der 90er Jahre habe ich angefangen zu schreiben. Ich schreibe aus purem Spaß. Mit dem Schreiben ist es bei mir wie mit Mozart: Es geht im Leben auch ohne, aber mit ist es viel besser.

www.paulpfeffer.de
www.editionpauer.com

Liebeslied

Ganz ohne Panzer
will ich sein,
ganz ohne Waffen.
Verwundbar geb' ich mich
in deine Hand.

Für einen Augenblick
will ich vergessen,
was mich schwer macht.
Will eine Feder sein
auf deinem Haar.

Augenblick

Wir sahen uns nur knappe drei Sekunden
an jener Ecke, wo die Busse hielten,
und waren unsern Augen schon entschwunden,
noch ehe wir die Kraft des Blickes fühlten.

Es war die Wildheit, dieses Ungezähmte,
der freie Blick ganz ohne Mäßigung,
der mir im Augenblick die Knie lähmte.
Derweilen tat die Seele einen Sprung.

Ich war verzaubert. Erst nach ein paar Stunden,
als sich der Zauber löste, fiel mir ein:
Es mag mein Blick in diesen drei Sekunden
genauso schrankenlos gewesen sein.

Das Ei des Kolumbus

Heimgekehrt von seinen großen Fahrten,
sitzt Kolumbus an der reichen Tafel.
Und mit steilen Falten auf der Stirne
hört er eines reichen Herrn Geschwafel:

Das mit der Entdeckung neuer Welten
sei im Grund doch gar nicht interessant.
Man fahre einfach immerzu nach Westen
und stoße schließlich auf ein fremdes Land!

Kolumbus hört's. Es kommt ihm ein Gedanke.
Ein Ei verlangt er! Alle schaun ihn an.
Und den reichen Schwätzer scharf fixierend,
rückt er näher an den Tisch heran.

„Wer von diesen edlen Herrn und Damen",
hebt Kolumbus an und lächelt leise,
„kann dies Ei auf seine Spitze stellen,
ganz egal auf welche Art und Weise?"

Und nach kurzem Zögern will's ein jeder wissen,
ja, sie reißen sich schon fast darum.
Doch die Eier, die sie auf die Platte stellen,
fallen alle nacheinander um.

Da sagt Kolumbus unverändert lächelnd:
„Schaut her! Ich will euch zeigen, wie es geht."
Er nimmt das Ei. Mit einem leichten Schlage
stellt er es auf die Spitze. Und es steht!

Mit großen Augen und mit offenen Mündern
verfolgen es die edlen Herrn und Damen.
Und jener reiche Herr von vorhin zischelt:
„So kann's ein jeder doch, in Teufels Namen!"

Kolumbus schweigt. Sein Lächeln ist verschwunden.
Jetzt sieht man ihm den harten Seemann an.
Metallen klingt's in das gespannte Schweigen:
„Es k a n n ein jeder. Ich aber hab's g e t a n !"

Und man begreift die Wahrheit dieser Worte.
Er hat getan, was andre nur gedacht.
Doch auch das Ei soll nicht vergessen werden:
Kolumbus hat's dabei kaputtgemacht.

Später Herbsttag

Noch einmal spielt die Sonne auf den Hängen
mit Farben wie von großen alten Meistern.
Noch einmal kann ihr Spiel mein Herz begeistern,
derweil mich dunkle Ahnungen bedrängen,

daß dieser Rausch schon bald vergehen werde.
Die letzten Früchte modern schon im Grase,
und letzte Rosen welken in der Vase
an meinem Fenster. Schwerer wird die Erde.

Doch heute will der Herbst noch einmal glänzen,
bevor der Winter mir den Tag verdunkelt.
Er lädt die Blätter ein zu wilden Tänzen

und zeigt, wie groß er ist und wie sein Auge funkelt.
Noch einmal will er seine Kraft und Fülle zeigen,
bevor sich seine Tage still dem Ende neigen.

Die Schnupfenprinzessin

(aus der Reihe Männermärchen)

Es war einmal eine Prinzessin, die war mit ihren blauen Augen, dem goldenen Haar und dem Schwung ihrer Hüften alles andere als unansehnlich. Doch sie war ständig verschnupft. Sie hatte einen richtig schlimmen Stockschnupfen. Immer lief ihr die Nase, sie nieste in einem fort, und so waren die blauen Augen ständig verquollen, und wenn sie sprach, klang es, als spreche sie durch ein Staubtuch.

Der König und die Königin hatten schon sämtliche Ärzte des Landes um Rat gebeten. Alle möglichen Spezialisten waren vorstellig geworden. Doch die Prinzessin behielt ihren Schnupfen. Ganz plötzlich war er kurz nach ihrer Geburt aufgetreten und ließ sie nicht mehr los. Immerhin waren seitdem bereits achtundzwanzig Jahre vergangen, Jahre, in denen von überall her Heilkundige angereist waren, Die Medizinmänner kamen und gingen, der Schnupfen blieb. Schulmediziner, Schamanen und Schleimhautexperten mussten unverrichteter Dinge wieder abziehen.

Der Schnupfen wuchs sich mit der Zeit zu einem ernsthaften Problem aus. Der König und die Königin fürchteten, dass ihre einzige Tochter wegen ihrer roten Nase und ihrer nasalen Aussprache keinen Prinzen abbekommen würde. Dutzende von Bewerbern waren bereits vorstellig geworden, hatten jedoch unter fadenscheinigen Ausreden wieder das Weite gesucht, nachdem sie die Prinzessin zum ersten Mal niesen gehört hatten. Da war guter Rat teuer.

Eines Tages rief der König seine Tochter zu sich und sprach zu ihr:

„Wann wirst du neunundzwanzig, mein Kind?"

„Nächsten Monat, Papi", schniefte die Prinzessin.

„Weißt du, was eine Prinzessin mit neunundzwanzig ist?"

„Eine alte Jungfer, Papi." Sie nieste und brach in Tränen aus.

„So ist es", sprach der König. „Aber jetzt beruhige dich wieder. Wir müssen uns halt was einfallen lassen."

„Ja, Papi", heulte die Prinzessin, „aber was?"

Der König legte die Stirn in Falten und den Arm um die zuckenden Schultern seiner Tochter und tröstete sie mit den Worten:

„Schau mal, du hast einen Dauerschnupfen. Das ist zwar schlimm, aber du stirbst nicht dran."

Daraufhin jaulte die Prinzessin laut auf, eine Niessalve folgte, und der König begriff, dass dieser Trost mehr als schwach war.

„Wir müssten irgendwie aus der Not eine Tugend machen", murmelte er.

„Aber wie, Papi, wie?", schluchzte die Prinzessin.

„Das weiß ich auch nicht", musste der König zugeben.

An dieser Stelle mischte sich die Königin ein, die die ganze Zeit wortlos dabeigestanden hatte.

„Dein Vater hat ausnahmsweise Recht, mein Kind",

sagte sie mit einem Seitenblick auf ihren Gemahl. „Was wir brauchen, ist ein Prinz, der auf Schnupfen steht."

„Huhu", jammerte die Prinzessin, „huhu, dann kann ich ja gleich ins Kloster gehen.

„Du verstehst nichts von Männern", gab die Königin ungerührt zurück. „Es ist unglaublich, was die alles mögen, wenn du es ihnen nur schmackhaft machst."

Es folgte ein kurzer, aber heftiger Disput zwischen König und Königin.

Danach begab man sich an den runden Tisch und entwickelte eine Idee. Die Frage der Urheberrechte führte erneut zu einem kleinen, unbedeutenden und schnell beigelegten Zwist.

Das Nötige war in die Wege zu leiten, und zwar schnell. Alle fanden, dass es eilte.

Schon eine Woche später lief im ganzen Land eine Kampagne an, von einer sündhaft teuren ausländischen PR-Agentur geplant und von der Zellstoffindustrie gesponsert. Die Botschaft war: Schnupfen ist schön! Schnupfen ist sexy! Wer etwas auf sich hält, hat einen Schnupfen. Ein Leben ohne Schnupfen ist nur die Hälfte wert!

Die Agentur hatte ganze Arbeit geleistet, die Aktion wurde in kurzer Zeit ein Riesenerfolg. Mit verquollenen Augen herumzulaufen und aufs zierlichste zu niesen, war total in. Um zu sprechen, als sei man total verschnupft, ließ man sich – vor allem Frauen zwischen vier und vierundneunzig – die Nasenscheidewand mit Silikon aufpolstern. Wer keinen Schnupfen hatte, war mega-out. Alle sprachen durch die Nase. Das wichtigste aber war, dass die Prinzessin plötzlich als Schönheit galt und von Prinzen umschwärmt war wie ein Marmeladebrot von Wespen.

Die Königin, die – wie man bereits gesehen hat – eine kluge Frau war, nutzte die glücklichen Umstände und arrangierte unauffällig ein Rendezvous zwischen ihrer Tochter und dem einzigen Sprössling des ortsansässigen Zellstoff-Fabrikanten, der sich innerhalb weniger Monate mit Papiertaschentüchern eine goldene Nase verdient hatte. Der junge Mann, ein etwas dicklicher Mittdreißiger, war zwar kein Prinz, aber Erbe des Zellstoff-Imperiums, und dass Geld und Adel sich gut vertragen, wusste die die Königin genau. Außerdem wollte sie, dass der Zaster in der Familie bleibt.

Wie der Zufall so spielt, mochten sich die beiden jungen Leute vom ersten Augenblick an. Herbert, so hieß der Zellstofferbe, hatte einen derartigen Schnupfen, dass er kaum aus den Augen sehen konnte. Und wenn er sprach, musste man ordentlich die Ohren aufstellen, um sein Genuschel zu verstehen. Trotz seines Übergewichtes war die Prinzessin hin und weg. So dauerte es auch nicht lange, bis die beiden sich einig waren.

Die Königin sah es mit Wohlgefallen.

Kurz vor der Hochzeit wurde Herbert allerdings etwas unruhig. Vor Aufregung nieste er viel seltener als sonst. Irgendetwas schien ihn zu bedrücken. Am Hochzeitsmorgen nahm er seine Braut beiseite und schnuffelte:

„Ähem, Liebling, ich muss dir etwas beichten. Aber nicht böse sein, bitte!"

Die Prinzessin bekam einen Riesenschreck, ließ sich nichts anmerken.

„Du kannst mir alles anvertrauen, Liebster", antwortete sie gefasst. „Ist es eine andere Frau?"

„Nein, schlimmer“, näselte Herbert. „Mein Schnupfen …“ Er hielt inne und warf einen ängstlichen Blick zu seiner Braut hinüber.

„Liebling, was ist mit deinem Schnupfen?“, fragte die Prinzessin besorgt.

Herbert schaute seine Braut unsicher an.

„Mein Schnupfen“, sagte er leise, „ist echt.“

Einen Augenblick lang hätte man eine Stecknadel fallen hören können.

Dann brach die Prinzessin in lautes Lachen aus.

„Meiner auch“, prustete sie. „Meiner auch!“

„Ich habe es immer gewusst“, sagte Herbert ergriffen, „wir sind füreinander geschaffen.“

Umgehend wurde die Hochzeit gefeiert, die schöner war als viele andere, weil man der Braut und dem Bräutigam deutlich ansah, dass sie glücklich waren. Sofort nach den Feierlichkeiten machten sich die beiden ans Geschäftliche. Gemeinsam sorgten sie dafür, dass die Schnupfenmode sich über die Grenzen des Königreiches bis zum Ganges und zum Mississippi ausbreitete. Die Logik war einfach: Wer Schnupfen hat, braucht Taschentücher. Das ist eine Art Naturgesetz. Das Zellstoff-Imperium wuchs, nein, es explodierte. So konnten sie sich schon bald einen tiefer gelegten goldenen Ferrari mit silbernen Breitreifen sowie fünfmal im Jahr Urlaub auf den Malediven leisten. Sie waren so glücklich und vergnügt, wie ein Paar mit Stockschnupfen nur sein kann.

Und wenn sie nicht gestorben sind, dann niesen sie noch heute.

Angelo

Heimlich habe ich ihn immer Angelo genannt. Mein Engel. Aber nicht laut. Er wusste nichts davon. Sonst wäre er womöglich noch übermütig geworden. War er sowieso schon. Übermütig und den Kopf voll Unsinn. Wie ein kleiner Junge.

Ich bin jetzt vierundsiebzig und er war ein oder zwei Jahre älter, glaube ich. Genau weiß ich es nicht, er hat mir sein wirkliches Alter nie verraten. Ach, weißt du, Lore, hat er gesagt, in unserem Alter ist es doch egal, ob ich fünfundsiebzig oder siebenundsiebzig bin. Lore hat er mich genannt. Eigentlich heiße ich Eleonore, aber ich habe den Namen nie gemocht. Zu umständlich. Er hat mich sofort Lore genannt. Wie mein Vater. Ich war schon deswegen sofort hin und weg. Tauchte hier einfach auf in diesem Altersheim – sie haben es „Seniorenresidenz Cäcilienhof“ genannt, damit es nach was klingt und damit sie einen Grund für die Wucherpreise haben – tauchte also hier auf und wirbelte alles durcheinander. Das war vor ziemlich genau zwei Jahren, wenn ich mich recht entsinne.

Er hat wirklich Leben in die Bude gebracht. Allein schon wie er zum ersten Mal im Speisesaal erschien! Blieb erst mal in der Tür stehen, bis die meisten ihn gesehen hatten. Dann schlenderte er ganz langsam zu Tisch vier – das ist unser Tisch, wo ein Platz frei geworden war, weil Justine von uns gegangen ist – schlenderte also langsam her, machte eine knappe Verbeugung und setzte sich. Der ganze Saal war still. Sogar die Bruckner von Tisch sieben, die normalerweise ständig quasselt, hielt mal für eine Minute die Luft an. Ich habe mich später gefragt, wie er das gemacht hat. Er ist nicht sehr auffallend, nicht besonders groß, nicht einmal besonders gut aussehend. Es muss die Ausstrahlung gewesen sein, irgendwas, was ich nicht beschreiben kann. Aber jeder im Raum hat es gespürt. Alfred war schon etwas Besonderes.

Mir hat er sofort gefallen. Vielleicht war es sogar Liebe auf den ersten Blick. Als er mich angeschaut hat, bin ich jedenfalls rot geworden wie ein Schulmädchen. Er stellte sich kurz vor, Alfred Rademacher, und dann saß er neben mir auf Justines Platz und sagte erst mal gar nichts. Schaute sich nur um mit seinen grauen Augen. Und gelächelt hat er, aber so, dass man es kaum gemerkt hat. So ein Lächeln um die Mundwinkel. Alle sahen ihn an. Und dann sagte er, na, dann wollen wir mal, schnappte sich den Schöpflöffel und fing in aller Seelenruhe an, die Suppe zu verteilen.

Er hatte so eine Art, wo ich nicht widerstehen konnte. Er wirkte immer lebendig. Dabei war er herzkrank, er wusste, dass er nicht mehr lange zu leben hatte. Lore, hat er zu mir gesagt, bald bin ich unter der Erde. Aber vorher wollen wir noch mal zeigen, dass es ein Schweben vor dem Tod gibt. Schweben vor dem Tod. Solche Sachen hat er gesagt.

Er war ein Schmuser. Er konnte küssen wie… dafür gibt es keine Worte. Und er wusste genau, wo ich angefasst werden wollte. Wir haben auch miteinander geschlafen, vielleicht drei- oder viermal auf seinem Zimmer. Natürlich vorsichtig wegen seiner Herzgeschichte. Er hat mich verführt und ich habe mich verführen lassen. Ich habe eigentlich nicht gedacht, dass mir das im Leben noch einmal passieren würde, die Liebe meine ich, mit all dem Drum und Dran. Aber es war so. Alfred hat mich zum Schweben gebracht. Und dafür bin ich ihm dankbar. Da hätte sich mein Jürgen eine Scheibe abscheiden können. Alfred hatte im kleinen Finger mehr Erotik als der in seinem ganzen dicken Bauch. Na ja, Jürgen ist jetzt schon fast zehn Jahre tot und ich will nichts Böses über ihn sagen. Ich war auch nicht so ganz einfach damals. Vorbei ist vorbei.

Ich wusste übrigens, dass ich nicht die Einzige war. Hier bleibt ja auch nichts geheim. Wer von uns konnte Alfred schon widerstehen? Nicht mal die Männer konnten das. Und er hatte Geschmack, das muss ich ihm lassen. Die kleine brünette Frau Sievering aus dem Seitentrakt und meine Freundin Ruth, die hätte ich mir auch ausgesucht. Er hatte so seine Art, das zu kommentieren. Richtig frivol konnte er manchmal sein. Und jeder Falte wohnt ein Zauber inne, hat er gesagt und mich dabei gestreichelt. Mir hat das gefallen. Ich musste einfach lachen. Hin und wieder hat er statt Falte auch Spalte gesagt und mich gekitzelt. Überhaupt hat er es immer geschafft, mich zum Lachen zu bringen. Ich glaube, er hat mir im letzten Jahr die Antidepressiva ersetzt. Ich brauchte keine mehr. Der junge Dr. Brandt von der Inneren hat es sofort gemerkt. Na, Frau Ehlers, verliebt? Ich wurde rot und konnte nur nicken. Das ist die beste Medizin, hat er gesagt und gelächelt. Und das stimmte wirklich. Alfred war die beste Medizin für mich.

Wie er Klavier gespielt hat zum Beispiel. Er brauchte keine Noten. Er setzte sich an den alten Flügel im Musikzimmer und spielte. Ich kann nichts dafür, die Musik fließt so aus mir raus, hat er gesagt. Beim ersten Mal war es so wie ganz zu Anfang im Speisesaal. Alle wurden still und hörten zu. Obwohl er nur so Hintergrundmusik machte und ganz leise vor sich hin spielte.

Später hat er kleine Konzerte nur für mich gegeben. Zum Beispiel „Love me tender" von Elvis oder mein Lieblingsstück „As tears go by" von den Rolling Stones. Ich mag mehr die langsamen Sachen. Die Lieder hat er immer in Vor- und Nachspiele verpackt. So ein Stück klang dann wie eine ganze Sinfonie. Überhaupt ist mir aufgefallen, dass er Musik machte, wie er liebte. Orchestral. Ein besseres Wort fällt mir nicht ein.

Und dann war es schließlich so weit. Letzten Mittwoch kam er nicht zum Frühstück herunter. Sie schauten nach und fanden ihn tot vor dem Bett. Herzversagen. Er hatte sich fertig angezogen und wollte wohl gerade zum Frühstück kommen. Eines Tages möchte ich einfach tot umfallen, hatte er gesagt, kurz und schmerzlos, dann ist es vorbei. Und er hatte nicht traurig dabei ausgesehen. Jetzt war er so gestorben, wie er es sich gewünscht hatte.

Eine Woche ist seit Alfreds Tod vergangen. Ich weiß nicht, ob ich traurig sein soll. Er hätte es jedenfalls nicht gewollt, dass ich Trübsal blase. Das Leben spielt sich im Kopf ab, Lore, hat er immer gesagt, und solange der noch funktioniert, sollst du ihn benutzen, also lebe!

Nein, ich bin nicht traurig.

Ruth weint den ganzen Tag und die kleine Sievering geht in Schwarz. Gestern Abend beim Rommee haben wir uns ausgesprochen. Alfreds Witwen, habe ich gesagt, und sogar Ruth hat ein bisschen gelächelt.

In den letzten Tagen sitze ich oft im Musikzimmer bis

spät in die Nacht, mache die Augen zu und stelle mir vor, dass Alfred für mich spielt. As tears go by. Ich weine nicht, aber er fehlt mir sehr. Angelo, mein Engel!

Wenn bei Capri

Profil ist nicht so gut, da sieht man den Bauch zu deutlich. Hans Warnke dreht sich vor dem Spiegel einmal um seine eigene Achse, bis er sich von vorn betrachten kann. Was er sieht, stellt ihn nicht zufrieden. Glatze liegt in der Familie, da kann man nichts machen. Das Gesicht geht so, nur der Hals ähnelt langsam dem eines Truthahns, vor allem wenn er von der Sonne gerötet ist wie jetzt. Der Oberkörper ist muskulös, er trainiert aber auch zweimal die Woche. Zwanzig Liegestütze kriegt er noch hin. Wenn nur diese lächerlichen Altmännerbrüste nicht wären! Mit Anfang fünfzig hat er die bekommen und zieht seitdem nur noch weite T-Shirts an. Die Behaarung ist auch nicht das Wahre. Wie ein alt gewordener Affe, denkt er. Und dann der Bauch, eindeutig zu dick. Er isst gern und gut, manchmal zu gut. Auch die Abendbierchen setzen an. Zum Glück ist er groß, da verteilt es sich etwas. Hans Warnke schwört sich, dass er in Zukunft disziplinierter sein will, denkt daran, dass er sich das schon einige Male ohne nennenswerten Erfolg geschworen hat. Das Gemächt überspringt er, es sieht in diesem Zustand erbärmlich aus. Die Beine kommen ihm zu dünn vor, er hat das Gefühl, dass seine Oberschenkel und Waden immer mehr an Umfang verlieren. Und die Füße, na ja, keine Offenbarung, vom langen Gebrauch durchgetreten. Immerhin hat er sich nach drei Strandtagen etwas Urlaubsbräune zugelegt.

Durchwachsen, denkt Warnke, sehr durchwachsen. Aber was will man mit neunundfünfzig auch groß erwarten? Seit Edith an Brustkrebs gestorben ist, hat er Mühe, sich einigermaßen fit zu halten. Er kennt die Gefahren des Alleinseins. Die Disziplin lässt nach, man verkommt, ohne es zu merken.

Der Grund für diese kritische Inspektion vor dem Spiegel heißt Claudia, ist schätzungsweise Ende zwanzig und sitzt unten an der Hotelbar. Er hat sie heute Nachmittag kennen gelernt. Eine Italienerin aus Neapel, ein Vollweib, wie es im Buche steht. Hans kann sein Glück noch gar nicht so recht fassen. Er hat seit einiger Zeit schon das dumpfe Gefühl gehabt, dass sein Liebesleben zu Ende ist. Aber wofür gibt es Capri, die Insel der Liebenden? Gelobt sei das Reisebüro Müller, das diese Reise im Sonderangebot hatte. Last Minute. Zweihundertvierzig Euro für eine Woche Capri, da kann man nicht meckern.

Claudia! Sie hat an der Bar gesessen, allein, und er hat sich einfach ein Herz gefasst und sie angesprochen. Zuerst war sie etwas spröde, aber nachdem er ihr zwei Campari Orange spendiert hat, ist sie aufgetaut. Sie hat gelacht, ihn am Unterarm angefasst und nach einem dritten Campari Orange hat sie sogar für einen Moment ihren schwarzen Lockenkopf an seine Schulter gelegt. Die Verständigung war nicht ganz einfach, aber er hat es geschafft mit seinem Volkshochschul-Italienisch. Sie haben sich unterhalten, er hat ihr ein bisschen von sich erzählt. Sie hat ihn gebeten, „du" zu ihr sagen und sie „Claudia" zu nennen, hat ihn „Giovanni" genannt. Und zum Abschied hat sie ihn angestrahlt und „Ciao, bello!" gesagt. Und er hat souverän geantwortet: „Ciao bellissima, a stasera!"

Hans Warnke schließt für einen Moment die Augen und stellt sich ihr Gesicht vor. Braune Augen, in denen man versinken kann, eine klassisches Profil und Lippen... Hans seufzt. Sie hatte ein hautenges schwarzes Kleid an, das von ihrem Körper mehr zeigte als verbarg. Er öffnet die Augen wieder. Vielleicht läuft da was heute Abend. Sie hat ihn eingeladen, eine Bootstour mit ihr und ein paar Freunden zu machen. Sie wollten hinüber nach Sorrent fahren. Dort gebe es ein erstklassiges Restaurant. Sehr teuer, aber auch sehr gut. Und danach könne man vielleicht noch einen Absacker auf dem Boot nehmen. Klingt doch vielversprechend, denkt Hans und schlüpft in das teure schwarze Seidenhemd, das er sich vor einigen Tagen in Neapel gekauft hat. Er verzichtet auf ein Unterhemd, macht dafür die zwei obersten Knöpfe auf, so dass man ein wenig von seiner graumelierten Brustbehaarung sehen kann. Dazu die helle Hose, leider ein bisschen eng, und die schwarzen Slipper. Socken? Nein, keine Socken. Die sehen immer so piefig aus.

Das Boot ist eine Wucht. Claudia begrüßt ihn mit Küsschen und großem Hallo. Die anderen reichen ihm die Hand. Ein großer Blonder namens Sergio, offenbar der Skipper, Angelina, eine pummelige Brünette, und ein schmaler Typ mit Mausaugen, der sich Dino nennt.

Sie trinken einen Prosecco zum Anwärmen und dann gleich noch einen. Es wird Italienisch gesprochen, Hans hat Mühe zu folgen. Claudia muss ihm ab und zu in langsamem Italienisch erklären, wovon gerade die Rede ist.

Als Sergio den Motor anlässt, horcht Hans auf. Das sind

mindestens dreihundert PS, die sich da melden. So ein Boot hat er sich immer gewünscht. Der Sound kann einen Mann süchtig machen, denkt er. Aber so ein Gerät übersteigt seine finanziellen Möglichkeiten bei weitem.

Sie fahren im Schritttempo durch die Hafeneinfahrt aufs offene Meer hinaus. Die Sonne hat den Horizont erreicht, es herrscht ein weiches Dämmerlicht. Hans sitzt neben Claudia hinten auf den blassroten Ledersitzen. Ihre Hüften berühren sich. Wenn das Boot leicht stampft und rollt, reiben sich ihre Körper aneinander. Hans hat den Arm um ihre Schultern gelegt. Ihre Hand liegt auf seinem Knie. Oh Mann, denkt er, das kann doch nicht wahr sein, das ist doch ein Traum.

Er spürt sein Portmonee hinten in der Hose. Er hat seine Kreditkarten und Bargeld dabei. Am Geldautomaten im Hotel hat er noch ein paar Scheine gezogen. Heute Abend wird er sich nicht lumpen lassen, nicht bei einer Frau wie Claudia. Heute wird geklotzt, nicht gekleckert, denkt er.

Sergio gibt Gas. Das Boot stellt sich auf und schießt nach vorn. Der Typ sieht wahnsinnig gut aus, wie er da steht mit seiner blonden Mähne, die jetzt im Fahrtwind weht. Ein Bild von einem Mann. Hans schließt die Augen und lässt sich auch vom Wind umwehen. Er spürt Claudias weichen warmen Körper an seiner Seite. Ein Gefühl wie im Paradies. Er sagt es Claudia in holprigem Italienisch. Sie lacht und schmiegt sich enger an ihn.

Die Lichter von Capri werden kleiner, die von Sorrent größer. Der Motor klingt sonor wie ein Bassbariton. Das Boot liegt bei dieser Geschwindigkeit wie ein Brett auf dem Wasser. Sie haben noch einen Prosecco und dann einen Grappa getrunken. Die Brünette hat sich mit Dino in die Kajüte zurückgezogen.

Hans ist inzwischen leicht beduselt vom Alkohol und liegt schon halb auf den Sitzen. Claudia über ihm. Sie nestelt an seinem Hemd, öffnet noch zwei Knöpfe und legt ihre Hand auf seine Brust. Lässt sie spazieren gehen und zupft ein wenig an seinen Haaren. Er hält sie um die Hüften und streichelt ihren Brustansatz. Was für ein Abend, was für ein Abend, denkt er, dass ich das noch erleben darf.

Da wird das Boot plötzlich langsamer. Sergio hat das Gas weggenommen. Hans bekommt es zuerst gar nicht richtig mit, weil er damit beschäftigt ist, seine Hand unter Claudias BH zu schieben. Erst als das Boot steht und in der Dünung schaukelt, richtet er sich auf.

Vor ihm steht der Mausgesichtige. Er hat eine Pistole in der Hand. Hans will aufspringen, aber Claudia drückt ihn mit ihrem ganzen Gewicht auf den Sitz.

Sie fahren nach Capri zurück. Ungefähr einen Kilometer vor der Insel halten sie an. Sergio und das Mausgesicht haben den nackten Hans Warnke gepackt. Er wehrt sich, strampelt und schreit, aber Sergio hat ihn fest im Griff. Von der Heckplattform aus drückt das Mausgesicht seinen Kopf unter Wasser. Nach kurzer Zeit bewegt er sich nicht mehr. Sie lassen ihn los, und er treibt querab.

„Das war's“, meint Claudia.

„Du machst das gut“, sagt Sergio zu ihr, „wirklich gut.“

Sie deutet eine Verbeugung an.

„Danke.“

„Wie viel hatte er bei sich“, fragt die Brünette.

„Knapp dreitausend“, antwortet Sergio.
Claudia lacht.
„Er hat mir gesagt, er fühlt sich wie im Paradies.“
„Vielleicht ist er schon da“, grinst der Mausgesichtige. „Hast du seine Geheimzahlen?“
„Klar doch“, sagt Claudia, „alle im Portmonee auf einem Zettel. Er war so naiv... Ich habe ihn Giovanni genannt, irgendwie war er auch rührend.“
„Werd nicht sentimental“, knurrt Sergio.
„Ich? Du lieber Gott!“
„Das war's übrigens mit Capri“, sagt Sergio.
„Sollen wir nicht wenigstens noch einen machen?“, fragt die Brünette.
„Nein, das reicht jetzt. Sonst kommen die Bullen noch auf dumme Gedanken. Wir bringen die Sache zu Ende und fahren morgen.“
„Wohin?“, fragt Claudia.
„Sizilien“, sagt Sergio, „da gibt's um die Zeit deutsche Rentner wie Sand am Meer.“
Sie legen Hans Warnkes leeres Portmonnee mit den Papieren in eine Metallkassette und werfen sie über Bord. Seine Kleider werden sie am Strand deponieren, so dass es so aussieht, als sei er einfach hinausgeschwommen.

Es ist ein lauer Sommerabend. Die Sonne versinkt als rotglühender Ball im Meer. Der Sand ist noch warm vom Tag, die Luft angenehm aromatisiert, es riecht nach Muscheln und Tang. Auf dem abgesperrten Strandstück, das von einem Dutzend Schaulustiger umlagert ist, liegt ein Mann. Er ist nackt und tot. Daneben steht Commissario Garzoli, der gerufen worden ist, weil er gerade Bereitschaftsdienst hatte. In einiger Entfernung warten zwei Männer mit einer Trage. Oben an der Uferpromenade steht der Rettungswagen.

Schon wieder einer von diesen lebensmüden Deutschen, die hierher kommen, um in Schönheit zu sterben, denkt Commissario Garzoli und sieht sich den Mann genauer an, den sie aus dem Meer vor Capri gefischt haben. Groß, braun gebrannt, Glatze, übergewichtig, aber insgesamt noch ganz gut in Form. Auf den ersten Blick keine Spuren von äußerer Gewalteinwirkung. Der Commissario schaut sich die Haut an. Die Leiche hat einen Tag im Wasser gelegen. Er kennt die Merkmale, hat sich selten geirrt. Sie haben Kleider am Strand gefunden, allerdings keine Papiere. Sie werden ihn in den nächsten Tagen identifizieren wie die anderen auch. Es ist der fünfte Deutsche in zwei Wochen. Nur Männer, sämtlich nackt und ohne Papiere. Eigenartige Häufung! Sie sind alle noch nicht sehr alt, Ende fünfzig, Anfang sechzig höchstens. Und noch etwas ist seltsam: Sie hinterlassen ihre Kleider, Hemd, Hose, auch Unterwäsche und Schuhe, aber keine Socken!

Vielleicht ist es die deutsche Rentnerkrise, denkt Garzoli, sie haben ein Leben lang geschuftet und wissen nicht, was sie mit sich anfangen sollen, wenn sie mit der Arbeit aufhören. Dann kommen sie ohne Socken zu uns nach Capri, verbrennen ihre Papiere und schwimmen nackt in den Sonnenuntergang.

„Merkwürdig, diese Deutschen“, sagt der Commissario halblaut zu sich selbst und zündet sich ein Zigarillo an, „wir werden sie wohl nie ganz verstehen.“

Äbtissin Roswitha aus Wommen
gehört nicht mehr zu den ganz Frommen.
Sie hat nämlich gestern
im Beisein der Schwestern
,nen männlichen Zwilling bekommen.

'Ner vollschlanken Lady aus London,
bei der schon die Hüften verschwondon,
kam gestern im Garten,
es war zu erwarten,
nun auch noch die Taille abhondon.

Mein alter Freund Pierre aus Toulouse,
der geht äußerst ungern zou Fouse.
Und will ich ihn zwingen
den Müll wegzubringen,
dann sagt er ganz einfach: „Tou dou's!"

Erika Lützner-Lay

lebt in Schwalbach am Taunus, arbeitet dort als systemische Paar- und Familientherapeutin in freier Praxis. Als systemische Lehrtherapeutin ist sie in unterschiedlichen Weiterbildungskontexten engagiert.

Seit meinem 17. Lebensjahr schreibe ich lebensbegleitend. Seit 2006 bin ich Mitglied in der Kelkheimer Autorengruppe.

Wenn ich schreibe, überlasse ich mich dem, was kommt. ES schreibt aus mir. Eine Tür, die ich vorher nicht wusste, geht in mir auf. Das erlebe ich immer wieder wie ein Abenteuer mit mir selbst und dem Lebensfluss. Oft fühle ich mich selbst beschenkt.

www.luetzner-lay.de

Der Traumfänger

Der Traumfänger sitzt am Redefluss. Seinen Lederhut mit der breiten Krempe hat er tief in die Stirn gezogen zum Schutz vor der Sonne. Darunter seine wachen, wasserblauen Augen im sonnengegerbten Gesicht. Den Blick hat er fest auf den Fluss geheftet. Ganz still sieht er dem Strom von Wörtern zu, die tosend über das Wehr purzeln, schäumend hinab stürzen und im seichten Flussbett sich trudelnd breit machen, um gemächlicher davon zu treiben. Irgendwann würden sie im Meer landen, in dem Meer von Wörtern, die sich alle verflüssigen und in ein strömendes Weites, Wogendes versinken. In rauen Sturmnächten würden sie sich vereint aufbäumen, wie Wörter das eben tun, wenn sie zusammen kommen, und im Morgenlicht würden sie sich wieder glätten, als ob nie etwas gewesen wäre.

Der Traumfänger erforscht seit Jahren den Redefluss. Immer wieder sitzt er still lauschend am Ufer und blickt in die hinabstürzende Flut.

Im flachen Wasser unter dem Wehr hebt jetzt der Haubentaucher seinen Kopf aus dem Strom.

„Was machst du da?“, fragt er den Mann mit dem Hut.

„Ich fange die Träume, die hinter den Wörtern sind.“

„Träume hinter den Wörtern?“

„Ja, im Redefluss ist viel versteckt. Die Menschen verstecken sich oft hinter ihren Wörtern.“

„Warum?“, fragt der Haubentaucher.

„Weil sie ihren Träumen nicht trauen oder nicht an sie glauben.“

„Und wie findest du die Träume hinter den Wörtern im Redefluss?“

„Der Fluss ist voller Melodie, wenn du ihm lauschst. Du brauchst ein inneres Ohr und deine innere Stille, dann hörst du die Melodie der Stimmen. Die erzählen von den Träumen. Wenn ich hier sitze, höre ich ein Meer von Träumen. Und dann – zaubert der Redefluss in mir Bilder dazu. Die schaue ich an, die gleiten oben drüber. Du kannst sie innerlich sehen, wenn du lauschst und dazu schaust.“

„Aber wo bist du denn?“

Der Haubentaucher ist verschwunden, abgetaucht.

„Warum fragt er mich, wenn er im Fluss verschwindet!“, knurrt der Traumfänger und versenkt sich wieder in die vorbei ziehende Flut von Traummelodien und schillernden Bildern, in all den Zauber, den Menschen hinter ihren Wörtern verbergen.

Wieder hebt ganz unvermittelt der Haubentaucher dicht vor ihm seinen Kopf aus dem Redefluss.

„Du, Traumfänger, komm doch mal mit mir auf den Grund! Da unten im Redefluss wirst du staunen. Da liegen lauter faule Wörter, solche, die nicht stimmen und andere, die nur leere Hülsen sind und die keiner braucht. Ein ganzer Schlamassel ist da angehäuft. Zum Glück finde ich da die fettesten Würmer.“

„Jetzt weiß ich, warum du so gut genährt bist“, lacht der Traumfänger.

„Stimmt, im Redefluss ist viel unnützes Gequassel – Verpackung – zum Träumeverstecken eben. Das sinkt auf den Grund.“

„Und was machst du mit deiner Forschung, mit all den

Wortmelodien und Bildern, die dir die Träume der Menschen verraten?"

„Ich sammle sie. Alleine würde ich platzen, so voll bin ich davon. Ich sammle sie und lasse sie aufsteigen in die Wolken."

„Und dann?"

Der Haubentaucher ist immer noch da, länger als er sonst überm Wasserspiegel bleibt.

„Mit den Wolken sind sie frei. Sie ziehen mit dem Wind übers Land, um die Welt – und irgendwo fallen sie mit dem Regen wieder auf die Felder, die Häuser, die Städte, die Gärten der Menschen hernieder."

„Dann sind sie doch weg für immer?"

Der Haubentaucher ist immer noch oben.

„An Land kennst du dich nicht so aus", zwinkert der Mann ihm zu, „aber ich kann dir verraten, wer lauschend und sehend übers Feld, durch den Wald, über die fernen Berge geht oder auch durch eine Großstadt, der findet ganz überraschend oft einen zauberhaften Traum.

Das ist so. keiner weiß woher das kommt – aber so ist es.

Buddha bleibt

Die Gletscher an den Polen schmelzen.
Die Meere werden steigen.
In meinem Garten wurden alle Gurken bitter
wegen der extremen Hitze im Sommer 2015.
Aus Stress wurden sie giftig.

Buddha sitzt da und atmet.

VW trickst weltweit millionenfach die Abgaszahlen
herunter.
Alles egal – wichtig sind die Marktanteile.
Egal was mit unserer Erde wird.

Buddha sitzt da und atmet.

Vor Europas Stacheldrahtgrenzen verzweifeln
Flüchtende,
junge Männer, Frauen, Kinder ohne Zukunft.
Oft ertrinkt die Hoffnung mit im Meer.

Buddha sitzt da und atmet.

Europas Innenminister beschlossen,
hundertzwanzigtausend Menschen sollen verteilt werden,
auch dahin, wo sie nicht gewollt sind.

Buddha sitzt da und atmet.

Deutschland ist weltweit einer der führenden
Waffenlieferanten.
Wohin? Warum? Wegen der Wirtschaft.
Und die steht glänzend da.

Buddha sitzt da und atmet.

An dem Land, aus dem alle weglaufen,
haben die Großen lüsterne, sehr unterschiedliche
Interessen:

Militärhafen, Gaspipelines konkurrierender Herkunft
und was noch!

Buddha sitzt da und atmet.

Wären wir alle wie Buddha, da sein, in sich ruhen und
atmen,
wäre unsere Erde ein Ort, um gut miteinander zu leben.
Doch das rückt ferner denn je.

Deshalb wird Buddha ein Flüchtling.
Er reist zur Venus.
Die liegt mit ihrem Atem im ruhenden Bauch dem,
was die Menschheit retten könnte, am nächsten.

Die Venus fühlt sich geehrt. Sie umarmt ihn.
„Willkommen, du kosmisch Reisender!
Ich gebe dir Asyl, ein ruhiges Zuhause.
Bei mir gibt es keine Gier
um Marktanteile und keine Börsencrashs.
Bei mir ist einfaches Wohlsein."

Die Venus fühlt sich kraftvoll verbunden
mit ihrem neuen Bewohner.
Alles ist gut.
Sie leuchtet am Abendhimmel und schaut
auf den blauen Planeten Erde herab.
„Wie schön du bist," funkt sie.
„Du strahlst wie ein Zauberstern.
Erde, ich liebe dich in deinem Glanz.
Wie geht es dir?"

Lange, lange kommt keine Antwort
„Wie geht es dir Erde!“
die Venus funkt drängender.

Endlich kommt ein gequältes Signal
kaum hörbar durch den Äther.
„Schlecht geht es mir … sie trampeln
auf mir herum … sie machen
was sie wollen … sie verpesten mich!
Du, ich bin krank, sehr krank!
Ich habe homo sapiens!
Es wird unerträglich!
Ich will ihn loswerden!
Er vergiftet mich nur.“

Ewigkeiten sind sie schon zusammen am Nachthimmel,
aber so verzweifelt hat die Venus
diesen blau strahlenden Erde-Planeten noch nie gehört.
Sie will die Erde trösten, aber wie?
Sie weiß nicht weiter.
Da verbindet sie sich mit Buddha, ihrem Neu-Bewohner.
Seit er da ist, ist alles einfach.

Sie spürt die Ruhe von Buddha und
seinen Atem im Bauch.
Alles ist gut.
„Homo sapiens, liebe Erde, das ist wie ein Schnupfen.
Das geht vorbei“, hört sie sich sagen.
„Aber du und ich wir bleiben,
und Buddha, der bleibt auch.“

Ein Koffer erzählt seine Geschichte

Bald bin ich hundert Jahre alt. Ich kann viel erzählen, und es nervt mich, wenn ich in letzter Zeit länger unter Spinnweben auf dem Dachboden stehe. Dabei habe ich doch ganz andere Zeiten gesehen.

Gekauft wurde ich, als der Krieg 1918 vorbei war. Die Menschen hatten gehungert und der Tod namens Tuberkulose ging um.

Ich kam in eine Familie mit sieben Kindern. Die wohnten zwischen Feldern, Wiesen und Obstbäumen in einem schmucken Anwesen auf dem Land. Vom Haus auf der Anhöhe hatte man einen weiten Blick auf die umliegenden Berge und in die grünen Täler. Auf der staubigen Landstraße holperten neben den Bauern mit ihren Pferdegespannen auch ab und zu vornehme Kutschen und täglich die Postkutsche vorbei. Hinter den Gardinen sah man manchmal die Köpfe der Reisenden.

Das Haus war erst vor fünfzehn Jahren neu gebaut worden, und die monatlichen Raten von sechs Reichsmark achtzig für die Hypothek mussten beim Grafen im nahen Schloss abbezahlt werden.

Klar, dass man in dieser Familie nicht ans Verreisen dachte.

Jetzt war urplötzlich der Mann, der Ernährer, an der Tuberkulose gestorben und gleich danach auch der älteste Sohn und die älteste Tochter. Die hätten beide schon zum Familieneinkommen beisteuern können. Die Frau versuchte, sich und ihre fünf Kinder von den Früchten der eigenen Felder und von dem Vieh, das sie hielt, durchzubringen. Es war ein hartes Leben, aber sie war resolut und entschlossen, und es blieb ihr auch keine andere Wahl.

Da erkrankte auch der nächste, der sechzehnjährige Sohn an dieser gefährlichen Krankheit.

Der Doktor verordnete sofort eine Kur, und so kam ich ins Spiel.

Ich wurde gekauft und mit den besten Kleidungsstücken liebevoll gepackt. Dann ging es los in der Postkutsche viele Stunden über Berg und Tal. Vor einem großen Haus, das sich „Heilanstalt“ nannte, wurde ich ausgeladen.

Hier erlebte ich meine blauen Wunder:

Mein junger Besitzer, der zuerst so kränklich, blass und still gewesen war, wurde jeden Tag vergnügter und ausgelassener und feierte mit den anderen jungen Leuten fröhliche Feste. Manchmal wäre ich gerne beim tosenden Mitlachen aus dem Rahmen gefallen, aber meine Holzleisten hielten mich zurück.

Nach der Rückkehr aus der Heilanstalt wurde ich abgeschoben.

Beim Heu auf dem Dachboden roch es gut, aber langweilig war das Herumstehen jahraus, jahrein, bis ich eines Tages gepackt, abgestaubt, gewienert und treppab in die Kammer geholt wurde. Beim Packen strömten zarte Düfte durch den Raum. Seidentücher, feine Damenwäsche, Handtaschen und duftige Blusen wurden mir anvertraut.

Und geöffnete Briefe mit einer feinen Handschrift.

Diesmal, als ich zugeschlossen und am Griff gepackt wurde, hatte ich zwei Begleiter: den Sohn, der jetzt ein stattlicher erwachsener Mann geworden war, und eine zierliche junge Frau mit funkelnden braunen Augen und einer warmen, heiteren Stimme. Ihr Lachen perlte wie Musik durchs Haus.

Ich wurde in dem schaukelnden Überlandbus verstaut, und später in der Stadt landete ich im Gepäcknetz in der Eisenbahn. Die wurde von einer schnaufenden, Ruß qualmenden Lokomotive gezogen.

Vom Gepäcknetz aus konnte ich die beiden unter mir gut im Blick behalten. Sie hatten ein heiteres Getuschel miteinander, und langsam begriff ich, dass sie gerade ihre Hochzeitsreise angetreten hatten.

Welche Aufregung, dass ich dabei sein konnte!

Das war eine heitere Zeit im Jahr 1936. Leider ging die viel zu schnell zu Ende. Bald landete ich wieder auf dem Dachboden, wo die Spinnen ihre Netze um mich webten und die Sommerfliegen mich eintönig umsummten.

Von unten aus dem Haus drangen öfter ihre Stimmen und ihr Lachen bis zu mir herauf. Das kannte ich noch von ihrer Hochzeitsreise.

Bald mischte sich eine krähende Babystimme dazu, und später war es eine ganz vertraute Kinderstimme, glockenhelle Töne heraussprudelnd, mal lachend tief aus dem Bauch heraus, manchmal herzzerreißend weinend.

Ich blieb oben, abgeschoben – Jahr für Jahr.

Anders eines Tages im Frühjahr 1945. Eine energische kleine Frauenhand packte mich mit hastigen Bewegungen, trug mich treppab in die Schlafstube und warf eilig und mit sorgenvollem Blick wahllos allerlei warme Kinder- und Frauenkleider in mich hinein. Ihr Haar war an den Schläfen von Silberfäden durchwirkt und ihre Lippen wirkten in Spannung zusammengepresst. Als sie meine Schlösser zudrückte, stellte sie einen olivgrünen Rucksack mit Papieren und Proviant gefüllt neben mich und einen kleinen Kinderrucksack mit sorgsam verpackten Butterbroten und Ausweisen dazu.

Den kleinen Rucksack schnallte sie dem Mädchen auf den Rücken.

„Was ist darin?“, fragte das Kind.

„Das ist Essen und deine Papiere, falls wir flüchten müssen.“

„Was heißt flüchten?“

„Wenn wir uns retten müssen.“

Dann schulterte die Frau den großen Rucksack und band im Stall die Ziege los. Hitte, die Ziege gab ihr vertrautes „Määäääähhhhh“ von sich und ließ sich willig führen. In der Hungerzeit hatte sie mit ihrer Milch alle zuverlässig ernährt. Die Frau führte Hitte an der Leine in einer Hand, schloss sorgsam die Haustür mit dem großen Schlüssel ab, trug mich schwer bepackt in der anderen Hand und begab sich auf die Landstraße. Das Kind lief neben ihr.

Ich wurde getragen durch ein Spalier von Soldaten, die mit Panzerfäusten neben sich – wie im Galgenhumor grinsend – im Straßengraben lagerten. Sie rissen anzügliche Witze gegen die Angst, scherzten und kokettierten mit der Frau und dem Kind.

Bald wurde ich wieder abgestellt in einer dunklen Ecke eines grauen, unwirtlichen Kellers im entfernten Nachbarhaus. Dort waren viele Leute versammelt. Alle wollten sich in Sicherheit bringen.

Kalt und bedrückend war die Stimmung.

Nach der langen Nacht mit donnerndem Geschützgrollen tat es am Morgen einen ohrenbetäubenden Schlag. Schreie, erstickte, verrückte und verzweifelte drangen durch dicken Explosionsstaub.

Ich lag unter einer dicken Schicht davon in der Ecke – vergessen.

Ich weiß nicht mehr, wie ich wieder auf den Dachboden gekommen bin. Die Frau war nicht mehr da. Dafür hatte ich den Einschlag eines Granatsplitters im Bauch.

Es müssen danach mehr als zehn Jahre auf dem Dachboden vergangen sein. Da ergreift mich eines Tages eine junge Frau. An ihrer Stimme und an ihren blauen Augen erkenne ich das Mädchen von damals.

Jetzt ist sie bald achtzehn Jahre alt.

Sie staubt mich ab, schaut dabei traurig auf meine Wunde im Bauch, und dann packt sie mich sorgsam und bedacht mit ihren Habseligkeiten: Wäsche, Blusen, Röcke, Schuhe, Bücher, Briefe und Adressen.

„Das wird eine größere Sache“, denke ich. Und richtig!

Sie zieht aus, und ich darf alles umfassen, was sie mitnimmt.

Es ist das Jahr 1956.

Sie schleppt mich schwer und ganz allein, zuerst zum Bus, dann in die Eisenbahn. In Düsseldorf steigen wir aus, dann geht es weiter mit der Straßenbahn Linie 11. Ich lande mit ihr in Kaiserswerth am Rhein.

Sie wuchtet mich die Treppen hoch in dem großen steinernen Haus unter den alten Bäumen. Bald begreife ich‘s:

Hier am Niederrhein wird sie lernen und als Studierende wohnen.

Ich lande in der Besenkammer und kriege nicht so viel mit.
Das dauert nicht so lange, es gibt Umzüge über Umzüge, die ich nicht alle verstehe. Aber die junge Frau ist jedes Mal fröhlich dabei.
Das beruhigt mich, und ich mache mit. Ich umfasse immer wieder geduldig alles in meinem Inneren, was mir anvertraut wird: Bücher, Briefe, Pumps, Nagellack, Petticoats, Bikinis und Wanderschuhe.
Dann werde ich irgendwann zunehmend zum Faktotum auf dem Dachboden in dem Haus, in dem sie endgültig bleibt.
Ich kriege mit, sie hat jetzt Kinder, drei lebhafte, wilde Mädchen.
Neben mir ziehen bald ein schicke Bordcases und silbrige Schalenkoffer, die nach großen Flugreisen mitleidig auf mich alten, mit Holzrahmen vernagelten Braunen mit der Schusswunde herabsehen.
Ich habe ausgedient, friste nur noch Gnadenbrot hier oben.
Alte verstaubte Fotoalben darf ich beherbergen.
Das war‘s wohl jetzt endgültig.

Dann kommt alles überraschend ganz anders!
Im Sommer 2003 stürmt sie – die ich nun schon so lange vom Kind her kenne – spät nach Mitternacht auf den Dachboden. Sie greift nach mir! Ausgerechnet nach mir!
Ich kann es kaum fassen!
Ihre Haare haben graue Fäden, aber sie ist es. Ihre Stimme kenne ich unverwechselbar.
Sie packt mich mit leuchtenden Augen.

Merkwürdiges fliegt in mich hinein:
Eine Clownnase, ein rotes Seidenhalstuch, ein Paar Riesenschuhe, eine rote Samtpluderhose, ein schwarzer Hut mit einer langstieligen, wippenden Rose dran, ein Paket Theaterschminke, Mengen von Luftballons, eine Tröte, viele rote Seile und ein Spiegel.
Damit lande ich im Hauseingang, abreisebereit für den nächsten Tag.
Am späten Vormittag packt sie mich. Sie ist festlich gekleidet und trägt mich freudig gestimmt ins Auto. Den ganzen Kofferraum fülle ich behäbig aus. Bald landen wir in einer großen Gesellschaft auf einem Gartenfest. Aus den feierlichen Reden und den erlesenen Konzerten erfahre ich, dass ein Freund von ihr gerade 60 Jahre alt wird. Ich werde erst mal versteckt im hintersten Winkel, aber dann – kommt mein großer Auftritt!
Sie hat sich mit den Sachen aus meinem Bauch mit Riesenschuhen, roter Nase, Schminke und Schlapphut in eine Clownin verwandelt.
Nun schleppt sie mich mit all den anderen Utensilien stolpernd und schlurfend durch den belebten Garten.
Wie ziehen wir jetzt erstaunte und neugierige Blicke an!
Das nach all der edlen Musik und den feinen Reden – und jetzt ich, dickbauchiger Brauner, Holzleisten-Vernagelter mit dem Loch im Bauch, und sie mit der roten Nase und der Schlabberhose!
Ganz still wird es, als sie mit mir so ganz einfach dahin schlurft und nur ab und zu mit ihrer Tröte einen langen, heiseren Ton durch den Garten schallen lässt. Bei ihrem Geburtstagsfreund bleibt sie stehen.
Der kriegt zwischen Zweifel und Neugier den Mund

nicht mehr zu.

Sie legt mich ins Gras, öffnet mich. Wortlos, nur in Pantomime setzt sie Stück für Stück von meinem Innenleben in Szene.

Ich kann beobachten, wie sie ihn bald zum Mitmachen lockt und zunehmend mit ihrer Spielfreude ansteckt.

Bald sind alle Gäste um ihn herum mit Luftballons und Seilen aus meinem Kofferbauch vernetzt. Und er, ihr Freund, ist – wie verzaubert – ganz locker und jung geworden!

Als ich abtrete, weiß ich: Das war jetzt mein Debut als Clownkoffer!

Ab jetzt wird mein Leben aufregend. Da kennen die Schalenkoffer sich nicht aus. Die eignen sich dazu auch gar nicht.

Und so ist es!

Letztes Jahr stand ich im Sommer mit achtzig Rosen im Bauch im Mittelpunkt eines großen Geburtstages. Als die Clownin mich öffnete, als die Rosen aus mir herausquollen, als sie mit einer Rose ohne Worte, nur in Pantomime, Kontakt zelebrierte, da nahm sich jeder Gast lächelnd eine Rose aus meinem Bauch, und dann kamen die Geburtstagsperson und alle Anwesenden ohne Worte miteinander ins Spiel, ins Tanzen, in Bewegung.

So lebe ich gerne noch lange weiter!

Demnächst sind wir schon eingeladen – Auftritt in der Manege im Zirkus Waldoni – da feiert Ruth ihren großen Geburtstag.

Unser Motto:

„Die Clownin beherrscht nichts, das dafür aber richtig!“

Über die Grenze zu sich nach Hause

Violas Haus ist leer geworden. Ihr Mann ist vor einem Jahr gestorben: ein tragischer Unfall beim Bergsteigen. War es ein Unfall?

Ihre zwei Töchter studieren im Ausland. Marek, ein polnischer Student, bringt Leben ins Haus.

Eines abends sitzt Viola mit Marek am Küchentisch. Ist es vielleicht doch kein Zufall, dass Marek hier ist? Ihre längst vergessene, verlorene Kindheit in Polen wird durch ihn lebendig.

Jetzt erinnert sie sich und erzählt:

Ihre Familie wurde gleich nach ihrer Geburt zwangsumgesiedelt. Der Hitler-Stalin-Pakt wurde umgesetzt. Ihr Vater, ein angesehener Pianist in Tallin, erhielt von den Nazis das Versprechen, in Polen Haus und Hof zu besitzen, verbunden mit der Forderung, dort eine neue Existenz zu gründen. Viola war ein Baby, als die Familie hoffnungsvoll aufs überfüllte Schiff kam Richtung Polen.

Von ihren Eltern weiß sie: In der neuen „Heimat" angekommen, hat sie das helle Entsetzen gepackt! In dem versprochenen Haus steht auf dem Herd eine warme Suppe, in der Asche ist noch Glut, und die Betten sind offenbar in Eile verlassen worden.

So wächst Viola die ersten fünf Lebensjahre auf als Deutsche in einem polnischen Dorf, behütet vom polnischen Kindermädchen, aber als ungewollter Eindringling. Sie erzählt Marek von der Liebe zu ihrem polnischen Kindermädchen, von den Liedern, von der Musik in der Sprache und vom Lachen miteinander.

Beide beschließen, nach Polen in Violas Heimat zu fahren, Viola als Spurensucherin, Marek als Brückenbauer und Dolmetscher.

Spät abends klopfen sie zögernd an das Hoftor. Ein alter Mann erscheint im trüben Licht einer Laterne. Marek erzählt dem Mann freundlich in klangvollem Polnisch Violas Anliegen. Da werden seine Augen zu dünnen Schlitzen. Die Lippen verschwinden zu einer grimmig festgehaltenen Bastion. Hinter ihm taucht eine alte Frau mit struppigem Haar auf. Im Versteck der angelehnten Haustür hat sie zugehört. Wie Giftpfeile schleudert sie jetzt eine wüste Kaskade von Beschimpfungen los. Ihre wild fuchtelnden Arme erzählen eine unmissverständliche, eindeutige Botschaft: Ablehnung, Hass und dahinter bodenlose Angst.

Zwei Tage später:

Viola und Marek gehen wieder um das Haus. Viola will sich erinnern: an die Straße, auf der sie laufen lernte, wo sie spielte als kleines, gut von Kindermädchen behütetes Kind der angeblichen „Herrenrasse“, an ihre Sehnsucht, zu den polnischen Kindern dazu zu gehören. Aber mit denen durfte sie ja nicht spielen!

Alles das will sie noch mal fühlen. Deshalb ist sie gekommen.

Da öffnet sich das Hoftor. Der alte Mann winkt sie herein.

Erstaunen – Zögern – Viola betritt das Haus ihrer Kindheit.

Die alte Frau schaut sie jetzt prüfend, nicht mehr ablehnend an.

Ihre Hände zittern aufgeregt.

Viola tastet sich vor: Im Haus noch die gleichen Möbel –

es ist, als betrete sie eine altbekannte, fast unveränderte Welt. Die erscheint ihr hier wie stehen geblieben.

Die alten Leute bitten beide, Platz zu nehmen. Der Mann redet ein paar Worte mit Marek, dann holt er ein Paket aus einer Truhe hervor. Es ist in morsches Packpapier eingewickelt. Feierlich legt er es auf den Tisch. Viola traut ihren Augen nicht: Sie erkennt die Fotoalben ihrer Kindheit!

Diese Menschen, die v o r ihrer Familie hier von den Nazis brutal aus ihrem Haus vertrieben wurden, haben sie aufgehoben, haben sie Jahrzehnte sorgsam gehütet.

Die Fotos haben ihnen von einer deutschen Besatzerfamilie erzählt, die auch wieder vertrieben wurde, die vor der Roten Armee fliehen musste.

Viola ist angekommen.

Marek braucht nichts mehr zu übersetzen.

Das Märchen von den Wellen

Es war einmal eine Königstochter, die wurde von Ihren Eltern zärtlich geliebt. Sie wuchs auf im Schloss auf dem hohen Berg. Weit konnte man von dort oben ins freie Land sehen. Als Kind tollte sie vergnügt mit ihren Gespielen in den königlichen Gärten. Überall hörte man am Tag ihr Lachen und ihre helle Stimme. Am Abend sang die Königin gern mit ihr, und der König trug sie am liebsten auf seinen Schultern.

Nun geschah es eines Tages, dass feindliche Reiterhorden das Schloss überfielen. Sie setzten den Palast in Brand und warfen den König und die Königin in den Kerker.

Die Prinzessin wurde davon im Garten beim Spielen überrascht.

Entsetzt schaute sie auf das Schloss in Flammen. Sie rief nach Mutter und Vater und rannte zu einem Seitentor. In diesem Moment stürzte ein lodernder Balken krachend vor ihr nieder und versperrte ihr den Weg. Stechende Funken umringten sie, und eine Walze von beißendem Qualm warf sie zurück. Ihr Kleid fing Feuer. In Panik rannte sie zurück in den Garten. Sie warf sich auf den Boden unter einen Holunderbusch.

„Duck dich!"

Sie zuckte zusammen. Eine Stimme, die aus dem Holunderbusch kam und ihr wild hämmerndes Herz übertönte!

„Duck dich! Ich werfe ein Zaubertuch über dich. Es wird dich unsichtbar machen. Dir wird nichts geschehen."

Die Prinzessin drückte sich fester in den kühlen Boden und erstarrte. Sie spürte bereits das Tuch über sich. Das trennte sie sofort merklich vom bedrohlichen Geschrei und Getümmel.

„Jetzt wirf alles, was du bist, in diese deine Schatzkiste! Dann kann es dir niemand rauben!"

„Was denn", wollte die Prinzessin fragen, aber sie brachte kein Wort mehr hervor.

„Dein Lachen wirf hinein, deine Stimme, dein Fühlen, deine Lieder, deine Freude, dein Herz! So bleibt alles deins und niemand kann es zerstören!"

Die Königstochter starrte in die eiserne Kiste, die nun neben ihr stand. Sie spürte, wie die Wärme, das Fühlen und das lebendige Pulsieren aus ihr heraus flossen.Sie war jetzt ganz leer.

„Und jetzt schließ alles ab und wirf den Schlüssel weg,

dann bist du sicher!“

Mechanisch gehorchte sie der Stimme.

Viele Jahre waren inzwischen ins Land gegangen.

Lange schon waren der König und die Königen aus dem Kerker befreit. Das Schloss war prächtiger als je zuvor mit Türmen, Zinnen und Erkern wieder aufgebaut worden.

Und die Prinzessin?

Sie war zu einer schönen jungen Frau herangewachsen.

Niemand dachte mehr an die alte, eiserne Kiste, die in einer dunklen Ecke bei den Gesindeunterkünften verrostete.

Niemand wollte mehr wissen, was geschehen war.

Die graue Decke des Vergessens wuchs über das Schloss.

Stattdessen waren die Tage ausgefüllt mit Wirbel, Prunk und Geschäftigkeit um die anreisenden schmucken Prinzen aus fernen Ländern, die sich um die Hand der schönen Königstochter bewarben.

Zu diesen Anlässen veranstaltete der König prachtvolle Bankette mit Lichterglanz, edlen Gästen, Tanz, erlesenen Speisen und Getränken.

Von alledem blieb die Prinzessin seltsam unberührt und unbeteiligt.

Sie konnte sich nicht freuen, nicht weinen, nichts fühlen.

Ihre Augen blickten sonderbar ins Leere. Sie war und blieb wie erstarrt.

„Etwas stimmt nicht mit mir. Ich weise alle, aber auch alle Männer ab und keiner der Prinzen gefällt mir,“ sagte sie sich in einsamen Stunden selbst. „Aber es ist so.“

Nur wenn sie draußen im Garten spazieren ging, fühlte sie sich freier.

„Du musst die Schatzkiste wieder aufschließen! Die Gefahr ist doch lange vorbei!“

Wieder vernahm die Prinzessin die Stimme aus dem Holunderbusch.

Sie blieb stehen und lauschte.

„Es geht um dein Leben! Der Krieg ist vorbei. Du hast es noch gar nicht gemerkt. Du musst die Kiste wieder aufschließen.“

Jetzt, als sie die Stimme hörte, sah sie wieder die haushohen Flammen vor sich, roch den beißenden Geruch des Feuers.

„Ja, diese Kiste! Wo ist die Kiste?!“

„Ich habe auch noch den Schlüssel weggeworfen. Ich weiß nicht, wo ich ihn jemals finden soll. Ich habe mein Kostbarstes, mein Herz und meine Seele eingesperrt und den Schlüssel weggeworfen! Ich bin verloren!“

Erstmals nach so vielen Jahren geriet die Prinzessin bei diesen ihren Worten aus der Starre heraus in eine haltlose Panik. Sie zitterte am ganzen Leib.

Der König ließ die fähigsten Ärzte und Wissenschaftler aus seinem Land kommen. Die befragten Bücher und hielten Rat, wie der Prinzessin zu helfen sei. Dabei zerstritten sie sich heillos, weil jeder seinen Rat für den besten hielt. Keiner konnte helfen.

Als sie sich etwas erholt hatte, befahl die Prinzessin, überall im Schloss nach der Schatzkiste zu suchen. Inzwischen hatte ein Stallknecht eine rostige Kiste entdeckt. Er hatte sie auf ihr Geheiß in ihr Schlafgemachs getragen. Bei ihrem Anblick war die Prinzessin entrüstet:

„Weg damit! Räumt dieses hässliche Ding aus dem Weg!

Sie ist so unansehnlich, diese alte Kiste! Ich will sie nicht, und schon gar nicht in meiner Nähe! Die gehört doch nicht zu mir!"

Zornig stampfte sie mit den Füßen auf, und ihre Augen blitzten dabei. Immerhin fühlte sich aber die Wut in ihrem Körper plötzlich überraschend angenehm lebendig an. Sie staunte über das warme Strömen, das sie so lange nicht mehr kannte.

„Na, lasst das Ding mal da", sagte sie zu den Dienern, die immer noch betreten herumstanden.

Der König ließ nun die geschicktesten Handwerker aus seinem Land kommen. Die sollten umgehend ohne den Schlüssel die Kiste öffnen.

Aber welches Werkzeug auch immer jemand mit erfahrener Meisterhand ansetzte, es zerbrach jedes mal sofort in seinen Händen.

Unter den Menschen im Schloss breitete sich darauf eine große Ratlosigkeit aus. Manchmal trat die Prinzessin wütend gegen die Kiste, aber auch dann wollte sich das angenehme Strömen nicht wieder einstellen.

So tropften die Tage wie zähes Blei dahin.

Eines Tages – der Sommer neigte sich schon mit den fallenden Rosenblättern und die Spinnen webten bereits ihre Netze – da betrat ein Sänger den Schlosshof. Seine Finger griffen lose in die Saiten der Laute, und seine Stimme tanzte dazu in einer weichen Melodie. Während er auf diese Weise Schritt für Schritt umher ging, kletterten die Klänge an den Portalen,Türmen und Balkonen empor und schwebten mit Leichtigkeit von Gemäuer zu Gemäuer.

Dort oben lauschte die Prinzessin.

Lange blieb sie wie verzaubert stehen.

Tränen rannen über ihre Wangen und tropften in Rinnsalen auf ihre Brust.

Bald wirbelte sie, einem unsichtbaren Feuer folgend, entschlossen über die Treppen und durch die Tür in den Schlosshof:

„Komm, du Barde, komm in meine Gemächer! Bitte setz dich auf diese alte Kiste, die da steht! Komm und spiel da weiter!"

Der Sänger fand in ihrem Gemach die verrostete Eisenkiste. Keck setzte er seinen linken Fuß darauf und nahm seine Laute zur Hand. So konnte er der Prinzessin beim Singen gut in die Augen schauen. Er sang für eine Frau, die ihn betörte mit dem zunehmend auflodernden Glanz in ihren Augen, und die mit seiner Musik Stunde um Stunde Welle für Welle mitschwang.

Beide bemerkten dabei gar nicht, dass die Kiste sich inzwischen lautlos aufgelöst hatte, und dass nun, da es Abend geworden war und die Kerzen das Gemach flackernd beleuchteten, ihre winzigen, unzähligen aufgelösten Teilchen wie ein funkelnder Teppich das Licht Welle für Welle zurückgaben.

Karin Walther-Weckmann

geboren 1951, war durch frühe Wohnortswechsel von Ost nach West, von Nord nach Süd unterschiedlichsten Sprachmelodien unserer Sprachräume ausgesetzt, hat Schüler in die Welt der Sprache eingeführt, als Psychotherapeutin Sprache als Medium eingesetzt, um seelische Tiefen und Untiefen auszuloten, leitet seit 2009 Schreibgruppen und Gruppenreisen zum Kreativen Autobiografischen Schreiben.
Veröffentlichungen: „Thüringer Klöße oder der Duft der Heimat" in der Festschrift zur 800 Jahresfeier der Stadtrechte ihres Heimatortes Saalfeld/Saale.
„Schweigen" in: Die besten Gedichte 2013/14, Frankfurter Literaturverlag
Seit zwei Jahren in der Kelkheimer Autorengruppe.

Schreiben ist ein kreatives Spiel, ein Abenteuer voll Überraschungen – so wie das Leben. In meinen episch-lyrischen Texten sind Klang und Rhythmus tragende Elemente. Unausgesprochenes, Angedeutetes öffnen Räume, die im Leser Bilder entstehen lassen. Wiederkehrende Themen sind: Stille, Natur, Begegnung im Du bis hin zu gesellschaftspolitischen Auseinandersetzungen. Seit 2007 bin ich auf Entdeckungsreise zur eigenen Sprache in verschiedenen Schreibgruppen mit Gruppenlesungen.

Sand und Wind

Nur vier Pfosten
stehen noch,
stecken ab den Raum,
der einst bewohnt.
Nur die Pfosten ragen noch
in Himmel und Erd,
halten Wacht
über das, was ist.
Eins werdend
mit Sand und Wind
über die Zeit hinweg.

Die Menschen,
die hier wohnten,
sind fort,
fort an einem anderen Ort,
durchwehen ihre alten Behausungen
mit dem warmen Wüstenwind
aus Südost.
Manchmal noch.
Und die Zeit verrinnt.

Ihre Knochen liegen still
und schweigen,
erzählen,
was ist und was war.

Ihre Seelen wandern
über Raum und Zeit hinweg.

Finden sich
in Sand und Wind.

Flüstern
von der Leere
ihrer neuen Form.

Am Ende der Zeiten

Am Ende aller Zeiten
atmet das Schweigen weiterhin still.
Die Bilder lassen sich nicht verbannen,
verwandeln – ja.
Kinder sind der Welten Hoffnung
über alle Zeiten hinweg.

Tanzt
nach
der
Pause

das
Hohe Lied
im
Regen

heiter
Schritt
für
Schritt

Zündelnde Zungen

Zündelnde Zungen
zersetzen die Zuversicht.
Zündelnde Zungen
zerschlagen, zertrümmern die Welt.
Zündelnde Zungen sind brandgefährlich.

Zügelt sie, die zündelnden Zungen,
ihr Zeugen der Zeit, ihr Unverzagten.
Trotzt dem Zerberus, dem Zyniker!

Die Zukunft ist jetzt.

Es knospt

Es knospt im Osten.
Es knospt im Westen.

Auch im Süden, sagt man,
sollen die Knospen knospen.

Und im Norden? Von Norden her,
da weht ein starker Wind.

Erinnert dran, dass wir am Anfang sind.
Er gibt den Knospen
einen grünen Wink.

Drei schwarze Raben

Drei schwarze Raben flogen herbei,
weckten das Dunkel mit Geschrei.

Die weiße Taube hat den Zug verpasst.
Und Gott hat geschlafen in dieser Nacht.

Hat geträumt von angesengten Flügeln
und Feuern, die nach dem Himmel griffen.

Die Bäume schrien,
die Wasser schäumten.
Die Winde griffen die Farben
und flohen ins All.

Und der Mensch lachte,
blieb blind im Dunkel.

Nur die Kinder wussten,
dass die Taube den nächsten Zug nimmt.

Da tanzten die Toten

Als das Meer
den toten Jungen
am Ufer gebar,
und der General das blaue Känguru stahl,

als die Panzer
den geköpften Teddy zerfetzt,

und gierige Horden das Messer gewetzt,

als blutende Tauben
auf den Straßen lagen,

als die Vogelfrau
mit dem Schädel unterm Arm
die Orte umflog
und umherschwirrende Seelen verschlang,

da tanzten die Toten über alle Grenzen hinweg
und setzten sich
an das Frühstücksgedeck,
öffneten die Augen und sprachen vehement:

Lasst euch nicht täuschen.
Vertraut auf das, was zählt.
Vertraut auf eine mitfühlende,
mitmenschliche Welt.
Das ist das Einzige, was zählt.
Steht auf gegen das Spiel von Rechts,
von den Linken lasst euch nicht verwirren.
Lasst euch nicht verderben
vom angstgesteuerten Werben.

Kommt hervor aus den düsteren Gassen.
Steht auf, steht auf!
Lasst euch umfassen
und reicht euch die Hand.
Mensch,
seid Mensch!

Heimat

Muttersprache
Mutterland
Mutter Erde
Vater im Himmel
Ach, wie zerrissen, zweigeteilt ist der Mensch.

Ach, sprach der Bach
und sprang von Stein zu Stein,
frei, ungebunden.
Das Fragen nach Heimat war ihm einerlei,
sprang einfach weiter
und schloss sich seinen Brüdern an,
bis ihn das große Meer umfing.
Da atmete er wohlig auf
und wusste,
nun bin ich zu Haus.

Bilder lassen sich nicht verbannen

Wenn Vaters Augen
in ihren Höhlen sprangen hin und her
und sein Gesicht Grimassen schnitt,
dann waren die Bilder nicht mehr zu halten.

Bilder von Bomben,
verbrannten, zerrissenen Körpern,
schreienden Kindern, zerstörten Häusern.

Als die Straßenbahn die Frau überrollte,
war Vater nicht Vater und unerreichbar.
Die Bilder vom Krieg und menschlicher Not
waren zu laut.
Die über den Kopf gezogene Decke
gab keinen Halt.

Der Blindgänger drei Häuser weiter
lenkte seine Erinnerung in ihre Bahn.

Er wollte die Bilder verbannen,
was nicht gelang.
Bilder sind stark und voll Kraft.
Sie wandern von einem zum andern,
bis in die nächste, übernächste Generation.

Das Kind sah den Erstarrten angstvoll an,
wusste, dass nichts helfen kann.
Doch es verstand,
auch ohne dass Vater Worte fand.

Im Schatten

Im Schatten
grünt und blüht ES
himmelblau
zwischen den Toten.

Ohne Schuldgefühl

Ohne Schuldgefühl
in dem Grau der Depression
ein Licht anzünden.
Selber Licht sein,
für die Toten, die Lebenden,
die Kommenden.

Fassungslos

Niemand und nichts
und nirgendwo.
Ohne Form, ohne Gefühl
für das, was geschah.

Fassungslos.
Nicht wissend
wo oben wo
unten wo überhaupt und -
ich?

Wer
bin ich
ohne mein Ich,
das weit weg verschreckt,
betäubt vom Vergessen.
Innerlich kalt, erfroren.

Ich will zurück,
will leben, lachen und weinen,
eigene Spuren legen.
Jetzt.
Erinnerung

Betäubt vom Vergessen,
das schlangengleich eingerollt
zwischen den Wurzeln schlief.

Gelebt
nur zur Hälfte,
bis unaufhaltsam der Rauch aufstieg.

Erst mit der Erinnerung
merkte das Leben auf
und hörte ihr zu.

Erst mit der Erinnerung
gehörte ihr das Leben ganz.

Morgendämmerung

Morgendämmerung
am Bach,
die Nebel steigen.
Dies wird ein schöner
Tag.

Sie sah ihn

Sie sah ihn
in seiner Größe,
in seiner Würde,
seine Erscheinung ergriff sie,
drückte sich ganz fest in sie hinein.

Sie hat nie vergessen,
wie selbstverständlich er sich darstellte
zwischen den Anderen,
die noch größer waren als er,
zwischen den Bäumen, oberhalb vom See.

Er war groß und schön,
ganz ungeschminkt und nackt.
Und sie sah und staunte,
wie unverrückbar er war,
und doch in ihr Raum gefunden hatte.
Sah, wie er träumte,
der schlafende Stein.
Wie er träumte von dem,
was war, was ist und was wird sein.

Sie spürte seinen kühlen Atem
und legte sich zu ihm.

Dann

von
Tag zu
Tag älter, stiller
und offener sein für
Unerwartetes

von
Tag zu
Tag geduldiger sein
mit mir selbst und
Anderen

von
Tag zu
Tag das Vertrauen
ins Leben bewahren, auch
nachts

von
Nacht zu
Nacht in Liebe
Gedanken gehen und kommen
lassen

von
Nacht zu
Nacht die Schwere
des Körpers ins Erdreich
geben

um
dann ganz
demütig den letzten
Weg zu gehen – dann

dann

schweigend
kam er
der Tod lud
das Leben ein zu
bleiben

Das letzte Blatt

Niemand wusste genau, wie lange sie schon in ihrem Zimmer gesessen hatte, am wenigsten sie selbst.

Es war still im Haus, und sie hatte sich zurückgezogen. Hier oben unter dem Dach war sie dem Himmel und dem Licht näher.

Ihr Blick fiel in den Garten, der auf die kalte Jahreszeit vorbereitet war. Die Sommerblumen hatten sich bereits in die Erde zurückgezogen. Die Früchte, Nüsse und Äpfel waren geerntet. Bäume und Sträucher hatten alle Blätter abgeworfen.

Nur der große Walnussbaum vor dem Fenster trug noch ein Blatt, ein einziges Blatt. Es wiegte sich im Wind, leuchtete goldgelben im Spätsommer-Licht, als wollte es ihr zuwinken.

Dieses eine Blatt war mehr Wahrheit, als sie ertragen konnte. Seufzend schloss sie die Augen.

Wie oft hatte sie die Blätter kommen und fallen sehen! Wie oft hatte sie den Wechsel der Jahreszeiten erlebt und sich daran erfreut, die Licht- und Farbenspiele der Natur in sich aufgesogen, war mitgegangen in dem Rhythmus von Werden und Wachsen und Sterben und Neuanfang!

Dieses eine Blatt wollte sie nicht fallen sehen. Sie hielt die Augen geschlossen und seufzte abermals.

Sie hatte nicht bemerkt, wie ihre Enkeltochter hereingekommen war, sich an sie geschmiegt und ihre kleine Hand in die ihre geschoben hatte.

Zu sehr war sie ergriffen von dem goldenen Licht, das sich in ihrem Inneren auftat. Auch den Walnussbaum sah sie nun wieder. Er trug sein schönstes Frühjahrskleid, zartgrün waren seine Blätter. In den Zwischenräumen funkelten goldene Sterne.

An einem der waagerechten Äste war, wie damals die Schaukel angebracht, die sie so sehr als Kind geliebt hatte. Vater hatte sie ihr geschenkt.
Da bin ich ja, in dem zartgelben Sommerkleid mit den Blümchenbordüren. Damals hatte ich noch blonde Locken. Mit beiden Händen halte ich mich an den dicken

Stricken fest und schaukele lachend hin und her.
Ist das dort hinten nicht Großmutter, die mir zuwinkt? Und der Mann neben ihr – ob das Großvater ist, den ich nie kennengelernt habe?

Sie war sich nicht sicher, ob sie in das Licht hinein ging, oder das Licht in sie einströmte. Das einzige, was sie wusste, und in diesem Moment auch wollte, war loslassen, ausatmen. Sein.

Fäden

Fäden der Ahnen,
Fäden des Lebens
durchwirken wirkungsvoll,
scheinbar ziellos,
erinnerungsdurchflutet und hochaktuell
Stufen des Lichts.

Acht an der Zahl,
die neunte in Sicht,
nach der alles aufgeht im blauen Raum
und von vorn beginnt –
das ist das Ziel.

Wie viele Hürden müssen wir nehmen
ein Leben lang, um aufzusteigen,
unseren Weg zu gehen?
Wie viele Tränen fließen, wenn wir die Welt
und uns selbst nicht verstehen?

Wie viel lassen wir zurück für die Menschen,
die nach uns sind?

Spuren der Liebe in blau, grün, türkis und pink.
Spuren der Hoffnung, dass auch die Anderen den
Aufstieg wagen,
dass auch den Anderen, wenn die Stufen zu hoch,
zu steil, scheinbar unüberwindbar,
der Aufstieg unter den Augen der Ahnen gelingt.

Sternenkind

Mir träumt,
ich sei ein Sternenkind
und wache auf –
und bin's.

Mir träumt,
ich sei ein Blumenkind,
durchströmt von süßem Blütenduft
und Schönheit klar.
Und wache auf
und weiß,
das bin ich auch.

Mit träumt,
ich sei ein wilder Wolf,
voll Energie,
der fliegen kann.
Und wache auf
und bin's.

Mir träumt,
ich sei ein Stein,
der sprechen kann.
Und wache auf
und weiß,
das bin ich auch.

Was bin ich nun?
Ein Blumenkind,
ein Wolf, ein Stein,
ein Schmetterling, ein Baum,
das Meer, ein Ungeheuer?

Mir träumt,
dass ich dies alles bin.
Es webt und wirkt in mich hinein
und schenkt mir die Erinnerung.
So bin ich denn ein Menschenkind
und werd auch wieder Stern.

Sternenhimmel

Blinkender Sternenhimmel
über dem rettenden Schoß.

Still.
Still wie der Tod.

Und die Ewigkeit singt
und baut ihre Brücken.

Schweigen

Schweigen atmet
still in Bildern

still

Werner Weiß +

Nachtwolf, der Maler

Dies ist die Geschichte von Nachtwolf, der lächelte, wenn er nichts aß, und der nichts aß, wenn die Kraft am notwendigsten zum Überleben war.

Nachtwolf spürte den kalten Wind nicht. Er hatte nur Augen für Schattenfels, der mit seinem erdverschmierten Knochen die Umrissse von Wisenten, Rentieren und Tundrapferden auf den glatten Fels strich.

Schattenfels achtete nicht auf seinen jugendlichen Bewunderer, der mit seiner Braut Morgenrot hinter ihm hockte und versuchte, aus Wasser, Lehm, Holzkohle und Zinnober die gleichen Farben zu mischen, mit denen er die Tiergestalten auf das Gestein zauberte. Die Jäger riefen ihm zu, er solle sich beeilen. Zitternd zog er das Stück Rinderfell enger um die Schultern und setzte seine Arbeit fort.

Die Jäger stießen die Speerschäfte auf den harten Boden und stampften im Rhythmus dazu mit den Füßen. Unter gedämpftem Gesang tanzten sie langsam auf den bemalten Stein zu. Schattenfels vollendete rasch das Bild des Wisents und wich zurück.

Nachtwolf schaute nicht auf, als die Lautstärke des Gesangs anschwoll und die Speere auf den Stein klirrten, dass die Splitter stoben. Er strich mit farbverschmierten Fingern die Umrisse der Wisente, die er im Geiste deutlich vor sich sah, auf den blanken Felsboden. Er bemerkte Schattenfels' erstauntes Gesicht nicht, mit dem der alte Stammeszeichner registrierte, wie sich unter den Händen des Jugen die Bildnisse der Jagdtiere formten mit einer Leichtigkeit, die ihm längst abhanden gekommen war.

Lange dauerte der Winter in diesem Jahr, so dass der Stamm immer ungeduldiger auf die Herden wartete. So lange nach der Wintersonnenwende waren die Herden noch nie ausgeblieben, die jedes Frühjahr zwischen Meer und Gletschern nach Norden wanderten. Der Wind war immer noch eisig, un immer noch glänzten die kurzen Gräser weiß in der Morgensonne.

In den Zelten aus Wisentfellen leerten sich die Vorräte von geräuchertem und getrocknetem Fleisch. Viel zu selten brachten die Jäger Kaninchen oder andere Kleintiere nach mühsamer Jagd nach Hause, Beute, die schwach oder ihnen zufällig vor die Speere gelaufen war. Die Männer wurden zunehmend schwächer, und der Himmel blieb bedeckt, obwohl die Tage länger wurden, und immer noch fegte Schneegriesel über den kargen Boden.

Die Frauen murrten, weil ihre knöchernen Werkzeuge

zerbrachen und der Vorrat an Sehnen zu Ende ging, mit denen sie die in den Winterstürmen zerrissenen Felle der Zelte flicken mussten. Die Kinder weinten vor Hunger, und die jungen Männer blickten immer häufiger zu ihrem Häuptling, von dem sie sich Rat und Führung erhofften.

Die Jäger tanzten nicht mehr so häufig, aber inbrünstiger. Sie warteten nicht mehr wie früher ab, bis Schattenfels seine Bilder fertig gemalt hatte, um dann die ganze Nacht bei Feuerschein zu tanzen und ihre Speere auf die dargestellten Jagdtiere zu schleudern. Sobald ein Tier oder eine Herde fertig war, klirrten die steinernen Spitzen der Lanzen auf den Fels, stoben Gesteinssplitter, begleitet von dem Geheul der Männer, wenn ein Tier getroffen war.

Schattenfels schuf eine Figur nach der anderen, schuf Gruppen von Tieren und zeichnete immer größere Herden. Dankbar schnaufte er, wenn Nachtwolf ihm Wasser, Erde, Lehm und Zinnober brachte, damit er umso rascher seine Zeichnungen auf den Fels werfen konnte. Nachtwolf wich nicht mehr von seiner seite, un Morgenrot versorgte ihn mit den kargen Resten von Trockenfleisch und Fett, die sie noch erübrigen konnte. Der Junge lernte, die Farben seines Vorgängers zu mischen, reichte sie ihm ohne Aufforderung. Er vervollständigte Umrisse, die Schattenwolf nur andeutete, besserte dessen zittrige Striche aus und füllte immer größere Flächen mit Farben und eindringlichen Skizzen,während der alte Mann flch atmend und vor Kälte schlotternd seine Felljacke um den Leib presste.

Mit den Tagen wurde der Gesang der Jäger seltener, die Stimmung zorniger. Die Kraft von Schattenfels schwand merklich. Immer öfter standen die Männer und Frauen auf den Anhöhen im pfeifenden Wind und starrten in die Ferne, voller Sehnsucht nach den Herden, nagenden Hunger in den Bäuchen. Nachtwolf trug Erde und Farben heran, kopierte die Tiere von -schattenfels, malte verbissen Wisent um Wisent, Ren um Ren, Hirschkuh um Hirschkuh. Seine Bilder wurden Plastischer, verloren die anfängliche Flachheit. Er warf dunkle Erde als Schatten in die Zeichnung, gab seinen Geschöpfen Tiefe, und die schwächer werdenden Jäger staunten über die Lebensechtheit seiner Darstellungen. Schattenfels schleppte keuchend Erde und Farbe, lag immer häufiger erschöpft am Boden, während die Jäger immer seltener die Speere warfen, die Würfe immer kraftloser wurden.

Nachtwolf suchte das Lager seiner Familie nicht mehr auf. Morgenrot schleppte sich morgens zu ihm, um ihre eigene winzige ration mit ihm zu teilen, aber er ignorierte sie. Rastlos bedeckte der juge Mann die Steinwand über und über mit Tiermalereien, übermalte die alten Zeichnungen, wenn der Platz nicht ausreichte. Die Farbe ging ihm aus, und mit Tränen in den Augen schmierte er feuchte Erde auf den Fels. Er rief nach Schattenfels, er möge ihm Nachschub bringen, bis er merkte, dass der alte Mann tot war, verhungert neben einem kleinen Häufchen roter Zinnobererde.

Auf allen Vieren auf den Boden gestützt, sah er von Schattenfels‘ Leichnam auf, blickte auf die im Erschöpfungsschlaf reglos da liegende Morgenrot und richtete schließlich seinen Blick auf das Lager. Kein Laut, kein Tanz. Keiner der Männer war zu sehen, von den Zelten her hörte er leises Klagen um die ersten Toten, die der Hunger unter den Alten und Kindern gefordert hatte. Die Tränen flossen aus seinen vom eisigen Gletscherwind entzündeten Augen. Er keuchte. Der Jagdzauber musste sie alle retten. Er musste zeichnen. Er musste malen. Sein Blick fiel auf die kleine Essensration mit den letzten Kaninchenresten in Morgenrots Hand. In seinem vom Hunger geschwächten Hirn verwirrten sich die Gedanken. Er durfte die Nahrung nicht zu sich nehmen, sie gehörte ihm nicht. Der Jagdzauber musste sie haben, um seine Geschöpfe lebendig werden zu lassen. Die Kraft der Nahrung gehörte dem Zauber. Er selbst musste hungern. Er, Nachtwolf, musste länger durchhalten, nicht klagen, nicht essen. Er musste malen, malen, malen …

Nachtwolf nahm die Kanincheninnereinen aus Morgenrots Hand und mischte sie in seine Erde. Vor Schwäche schluchzend hob er die Arme und vervollständigte das Wisent am Fels. Die schwarzen Umrisse, die dunkle Farbe des Körpers, die Schatten unter dem Bauch und in den Muskelpartien, so wahrhaftig, so lebendig … die Haare des Fells, die er mit dem spitzen Knochen zog, Strich um Strich. Er konnte sich kaum noch auf den Beinen halten. Strich um Strich, im bitterkalten Wind vor verschwimmendem Blick wehten die Nackenhaare, das Wisent im Lauf … Kraft, Muskeln, Fleisch, der gedrungene Körper, über die Weite der Tundra galoppierend … die kräftigen Hufe trommeln auf den gefrorenen Boden, der massige Körper stemmt sich gegen den Wind, rennt an gegen die Kälte, rennt un rennt … zu zweit, zu dritt, zu vielen … eine ganze Herde, das Donnern der Hufe ist zu hören, die Tundra bebt unter dem Getrampel und dem Gebrüll Tausender dahinstürmender Tiere.

Den Speer sieht er sich schleudern, mitten in die Herde hinein, treffen, er sieht die Herde in die Fallgruben hineinstürmen … Er sieht die Feuer lodern, die Feuer zum großen Fest. Hitze hüllt seinen Körper ein, vertreibt die Kälte des Winters. Sein Gesicht glüht, sein Mund schmeckt warmes Fleisch und den Kuss seiner Braut …

Mit dem warmen Blut einer Wisentkuh, das sie ihm einflößten, riefen sie ihn ins Leben zurück. Ein Raubtier hatte die Wisentherde verschreckt, hatte sie deshalb ihre Laufrichtung ändern lassen. Mehrere Tier der am Lager vorbeistürmenden Herde waren in die Fallgruben gestürzt, hatten sich das Genick an den Felsbrocken am Boden gebrochen. Mit letzter Kraft hatten sich die Verhungernden über die Tierleiber hergemacht und ihren Hunger gestillt. Dann hatten sie sich an den jungen Mann erinnert, der bis zuletzt die glatte Felswand über und über mit Herden von Jagdtieren bedeckt hatte, die sie nun voller Ehrfurcht anstarrten, während ihr Schöpfer langsam aus dem nahen Totenreich zurückkehrte. Für sie war er der Retter.

Nachtwolf blieb der Maler. In jedem Jahr, wenn der Sonnenstand die Zeit der Herdenwanderung ankündigte, war für ihn die Zeit des Fastens gekommen. Es war für ihn eine Zeit der Freude, weil er überzeugt war, dass seine Bilder die Herden herbei riefen und in die Fallen der Stammesjäger lockten. Es war für ihn eine Zeit der Erwartung, seine Bilder erwachten zum Leben. Die Wisente würden wieder über die Tundra donnern, die Jagd brächte der

Sippe Nahrung und Felle und vieles andere, was zum Leben notwendig war. Den Hunger ertrug er mit Freuden, weil er und seine Stammesgenossen an die Kraft der Bilder glaubten.

Nie wieder geriet der Stamm so nahe an den Hungertod. Nie war ein Maler so geachtet wie Nachtwolf, auch noch, als er mit grauem Haar und steifen Armen die Herden an die glatte Felswand bannte und der junge Jäger mit Namen Höhlenkind hinter ihm saß, Farben mischte und die Jagdtiere malte mit einer Leichtigkeit, die Nachtwolf längst abhanden gekommen war.

Renate Domes
(für Werner Weiß)

Wer weiß

Wer weiß, Werner,
warum und wohin.
Wer kann schon sagen?
Auch übermorgen
ist zu früh für Abschied.
Wer weiß, Werner,
hätten wir uns gekannt,
alles wäre fremder,
vielleicht.
Aber bleibst du mir
der Unverlorene,
weil ich weiß,
wo irgendwo ist.

Siegfried Prillwitz +

Vorsätze

Wenn der Stundenzeiger zeigt,
dass das alte Jahr sich neigt,
das neue uns entgegenlacht,
wird mancher Vorsatz ausgemacht.

Ich will in Zukunft wenig rauchen,
für Hobbys kaum noch Geld verbrauchen,
wenig Schokolade naschen,
sonntags mal Geschirr abwaschen.

Will fettes Fleisch und Braten meiden,
nach Möglichkeit auch Streitigkeiten.
Will nicht zu lang in Arbeit wühlen,
lieber mit den Kindern spielen,

den Alkoholkonsum einschränken
und meiner Hedwig Blumen schenken.
Das will ich tun ein ganzes Jahr …
Da merk ich erst, wie schön das alte war.

Paul Pfeffer

Ding im Kopf

(für Siegfried Prillwitz)

Bist aus allen Wolken gefallen,
über abschüssiges Gelände gerutscht,
quer über die Terrasse geschlittert,
mehrfach angeeckt und
im Bett

Man sieht dir nichts an.
Deine Stirn ist ohne Falten,
ungebrochen dein Humor.
Du trägst es mit Fassung
dass du

Wenn wir dich fragen,
wie geht es dir denn heute,
lächelst du und lügst ohne Skrupel,
Deine Freunde halten dich
für

Weißt nicht mehr, wie es wäre
ohne dieses Ding im Kopf.
Glück? Glück wäre für dich
noch ein Gedicht zum Schmunzeln
und dann